国家社会科学基金一般项目：社会资本、知识管理与科技型小微企业成长研究（16BGL037）

北京联合大学人才强校优选计划项目：社会资本、资源拼凑与新创企业成长绩效研究（BPHR2020CS06）

社会资本、知识管理与科技型中小微企业成长研究

黄 艳 陶秋燕 ◎ 著

RESEARCH ON SOCIAL CAPITAL,
KNOWLEDGE MANAGEMENT AND
THE GROWTH OF
TECHNOLOGY-BASED MSMES

图书在版编目（CIP）数据

社会资本、知识管理与科技型中小微企业成长研究／黄艳，陶秋燕著．—北京：经济管理出版社，2022.12
ISBN 978-7-5096-8915-8

Ⅰ.①社… Ⅱ.①黄… ②陶… Ⅲ.①高技术企业—中小企业—企业发展—研究 Ⅳ.①F276.44

中国版本图书馆 CIP 数据核字（2022）第 250446 号

责任编辑：胡　茜
助理编辑：杜奕彤
责任印制：黄章平
责任校对：陈　颖

出版发行：经济管理出版社
　　　　　（北京市海淀区北蜂窝 8 号中雅大厦 A 座 11 层　100038）
网　　址：www.E-mp.com.cn
电　　话：（010）51915602
印　　刷：北京虎彩文化传播有限公司
经　　销：新华书店
开　　本：710mm×1000mm／16
印　　张：12.25
字　　数：178 千字
版　　次：2023 年 5 月第 1 版　2023 年 5 月第 1 次印刷
书　　号：ISBN 978-7-5096-8915-8
定　　价：78.00 元

·版权所有　翻印必究·
凡购本社图书，如有印装错误，由本社发行部负责调换。
联系地址：北京市海淀区北蜂窝 8 号中雅大厦 11 层
电话：（010）68022974　　邮编：100038

前言 PREFACE

党的二十大报告提出,强化企业科技创新主体地位,发挥科技型骨干企业引领支撑作用,营造有利于科技型中小微企业成长的良好环境,推动创新链产业链资金链人才链深度融合。科技型中小微企业作为知识及技术密集型企业,知识获取和知识创新尤为重要。然而,我国科技型中小微企业长期面临内生资源不足、高投入、高风险的生存困境。企业"强位弱势"的巨大反差既与其自身成长能力相对较弱有关,也与其知识资源不足的成长环境密切相关。因此,如何突破企业自身资源不足的局限,利用与整合社会有效资源,通过构建企业成长网络,促进科技型中小微企业的健康成长,已成为政府、企业、学者和社会关注的焦点。

本书从在科技型中小微企业成长中起着重要作用的知识管理能力、社会资本获取两个维度着手,深入探究了社会资本、知识管理与科技型中小微企业成长的关系、内在机制等内容,主要的研究过程有以下几部分:

第一,社会资本、知识转移与创新绩效关系研究。基于社会资本理论,将科技型中小微企业社会资本细分为结构社会资本、关系社会资本,研究其对显性知识和隐性知识转移的影响作用。研究知识转移在结构社会资本、关系社会资本与创新绩效关系间的中介影响机制。

第二,社会资本强度对技术创新绩效的影响机制研究。将社会资本分为强关系和弱关系,研究其与知识共享、技术创新绩效之间的关系。研究吸收能力在知识共享与技术创新绩效关系间的调节作用。

第三,社会资本强度导致创新绩效与企业成长差异研究。将企业成长问题与创新、社会资本理论联系起来,发现社会资本存在强度区别并具有不同的企业功效,将企业社会资本强度对企业创新绩效及成长之间的影响路径依赖关系进行实证研究。

第四,社会资本与中小微企业成长的关系研究。运用深圳市中小企业板上市公司数据,研究社会资本与中小微企业成长之间的关系。以净利润与市盈率为企业成长因变量,企业家年龄及学历构成为社会资本变量,兼顾企业高管特质指标,运用部分最小二乘法进行实证检验。

第五,在孵企业社会资本与创新绩效的关系。对在孵企业社会资本的结构、关系和认知三个维度与创新绩效的关系进行理论探讨和实证检验,旨在揭示社会资本对不同所有权性质孵化器在孵企业创新绩效的差异性影响。

本书的理论贡献主要有:第一,丰富了科技型中小微企业社会资本理论的研究。研究发现了社会资本的不同维度与成长绩效、创新绩效之间的作用机制,以及社会资本通过知识共享、知识转移、吸收能力能够促进企业成长的作用路径。第二,丰富了知识管理的驱动因素研究。深入探究了社会资本对知识共享、知识转移的作用机制,发现了企业三个维度的社会资本均会驱动企业的知识共享和转移行为,而且,强、弱关系对知识共享具有明显的驱动作用。第三,从权变理论视角,完善了知识共享与创新绩效之间的边界条件分析,发现潜在吸收能力增强了隐性知识共享对技术创新绩效的正向影响,现实吸收能力增强了显性知识共享对技术创新绩效的正向影响。

本书的写作得到了陶秋燕教授以及朱福林、孟猛猛、孙世强等的大力支持,在此表示感谢!

目录

第一章 引言 ... 1

第一节 研究背景 ... 1
一、实践背景 ... 1
二、理论背景 ... 3

第二节 研究对象与研究的问题 ... 4

第三节 研究方法与技术路线 ... 6
一、研究方法 ... 6
二、技术路线 ... 7
三、研究安排 ... 8

第四节 主要的创新点 ... 10

第五节 本章小结 ... 11

第二章 理论基础与文献综述 ... 12

第一节 企业成长 ... 12
一、企业成长的内涵 ... 12
二、企业成长绩效 ... 13
三、企业成长理论 ... 14

四、企业成长研究述评 …………………………………………… 17

第二节　社会资本 ……………………………………………………… 17

　　一、社会资本的概念定义 ………………………………………… 17

　　二、企业社会资本的维度及测量 ………………………………… 24

　　三、企业社会资本与企业成长的关系 …………………………… 28

　　四、企业社会资本研究述评 ……………………………………… 51

第三节　知识管理 ……………………………………………………… 51

　　一、数据来源与研究方法 ………………………………………… 51

　　二、研究基本情况 ………………………………………………… 52

　　三、知识管理主要研究的内容 …………………………………… 57

　　四、企业知识管理研究的演化历程 ……………………………… 63

第四节　现有文献研究述评 …………………………………………… 65

　　一、未来应关注科技型中小微企业社会资本的研究 …………… 65

　　二、企业社会资本对成长绩效的"黑箱"有待进一步打开，
　　　　情景因素需要进一步探讨 …………………………………… 65

第三章　社会资本、知识转移与创新绩效 …………………………… 67

第一节　研究背景 ……………………………………………………… 67

第二节　理论基础与研究假设 ………………………………………… 68

　　一、社会资本的维度 ……………………………………………… 68

　　二、关系强度与知识转移 ………………………………………… 69

　　三、信任与知识转移 ……………………………………………… 70

　　四、知识转移与创新绩效 ………………………………………… 71

第三节　研究设计 ……………………………………………………… 72

　　一、变量与测量 …………………………………………………… 72

　　二、研究样本与数据采集 ………………………………………… 74

三、同源误差检验 ································· 74
　　四、联合正态分布检验 ······························ 74
第四节　研究结果 ···································· 75
　　一、测量模型 ····································· 75
　　二、结构模型 ····································· 76
第五节　结论与启示 ·································· 80
第六节　本章小结 ···································· 82

第四章　社会资本强度对技术创新绩效的影响机制研究 ········ 83

第一节　研究背景 ···································· 83
第二节　文献回顾与研究假设 ·························· 84
　　一、关系强度与技术创新绩效 ······················· 84
　　二、知识共享的中介作用 ··························· 86
　　三、吸收能力的调节作用 ··························· 88
第三节　研究设计 ···································· 90
　　一、数据收集与样本分布 ··························· 90
　　二、变量测量 ····································· 91
　　三、验证性因子分析 ······························· 94
　　四、同源偏差检验 ································· 95
第四节　实证检验 ···································· 96
　　一、变量的相关性分析与T检验 ······················ 96
　　二、回归分析 ····································· 98
第五节　结论与管理启示 ····························· 103
　　一、结论 ······································· 103
　　二、理论贡献 ···································· 104
　　三、实践启示 ···································· 105

四、研究不足与展望 …………………………………………… 105
　第六节　本章小结 ………………………………………………… 106

第五章　社会资本强度导致创新绩效与企业成长差异 ………… 107

　第一节　研究背景 ………………………………………………… 107
　第二节　文献综述与理论假设 …………………………………… 109
　第三节　数据整理 ………………………………………………… 113
　　一、数据统计 …………………………………………………… 113
　　二、变量测量 …………………………………………………… 115
　第四节　实证研究 ………………………………………………… 116
　　一、变量的因子分析和信度分析 ……………………………… 116
　　二、企业社会资本与创新绩效差异性影响因素分析 ………… 118
　　三、社会资本强度及创新绩效与企业成长的假设关系
　　　　验证 ………………………………………………………… 121
　　四、进一步验证探讨 …………………………………………… 125
　第五节　结论与讨论 ……………………………………………… 126
　第六节　本章小结 ………………………………………………… 128

第六章　社会资本与中小微企业成长的关系研究
　　　　——以深圳市中小企业板上市公司数据为例 ………… 129

　第一节　研究背景 ………………………………………………… 129
　第二节　理论解析 ………………………………………………… 130
　第三节　资料与假设 ……………………………………………… 131
　第四节　实证分析 ………………………………………………… 133
　　一、相关性检验 ………………………………………………… 133
　　二、PLS 原理 …………………………………………………… 134

三、PLS 回归结果 ………………………………………… 134

　第五节　观点与探讨 …………………………………………… 138

　第六节　本章小结 ……………………………………………… 139

第七章　在孵企业社会资本与创新绩效的关系 …………… 140

　第一节　研究背景 ……………………………………………… 140

　第二节　理论基础和研究假设 ………………………………… 141

　　一、在孵企业的社会资本 ……………………………………… 141

　　二、在孵企业的社会资本与创新绩效 ………………………… 142

　　三、孵化器所有权性质的调节作用 …………………………… 143

　第三节　研究设计 ……………………………………………… 146

　　一、样本和数据收集 …………………………………………… 146

　　二、变量测量 …………………………………………………… 147

　　三、测量模型 …………………………………………………… 147

　第四节　实证分析结论及启示 ………………………………… 148

　第五节　本章小结 ……………………………………………… 150

第八章　结论与展望 …………………………………………… 151

　第一节　基本结论 ……………………………………………… 151

　　一、子研究一：社会资本、知识转移与创新绩效 …………… 151

　　二、子研究二：社会资本强度对技术创新绩效的影响机制
　　　　研究 ………………………………………………………… 152

　　三、子研究三：社会资本强度导致创新绩效与企业成长
　　　　差异 ………………………………………………………… 153

　　四、子研究四：社会资本与中小微企业成长的关系研究
　　　　——以深圳市中小企业板上市公司数据为例 …………… 154

五、子研究五：在孵企业社会资本与创新绩效的关系
          ——孵化器所有权性质的调节作用 …………… 154
  第二节 理论贡献 ………………………………………… 155
  第三节 管理启示 ………………………………………… 156
  第四节 研究局限及未来研究方向 ……………………… 157

参考文献 ………………………………………………………… 159

后记 ……………………………………………………………… 185

第一章

引 言

作为最具创新活力的群体，中小微企业在经济社会发展中具有重要的战略地位。党的二十大报告提出，强化企业科技创新主体地位，发挥科技型骨干企业引领支撑作用，营造有利于科技型中小微企业成长的良好环境，推动创新链产业链资金链人才链深度融合。科技型企业作为知识及技术密集型企业，知识获取和知识创新尤为重要。然而，我国科技型中小微企业长期面临着内生资源不足、高投入、高风险的生存困境。企业"强位弱势"的巨大反差既与其自身成长能力相对较弱有关，也与其知识资源不足的成长环境密切相关。因此，如何突破企业自身资源不足的局限，利用与整合社会有效资源，通过构建企业成长网络，促进科技型中小微企业的健康成长，已成为政府、企业、学者和社会关注的焦点。

第一节 研究背景

一、实践背景

（一）社会资本是中小微企业获取资源的重要来源

社会资本是个体或组织拥有的潜在或现实的资源集合，这些资源是与个体或组织拥有的关系网络密切相关的。Nahapiet 和 Ghoshal（1998）将社会资本分为结构、关系和认知三个维度。结构维度是指网络成员之间的连带、互动关系，包括网络连带、网络密度、网络结构等网络联结形式。关系维度是指网络成员通过社会互动建立的关系类型，包括信任、规范、认同、义务等形式。认知维度是指网络成员在认知方面的一致性倾向和行动，包括共同语言、共有愿景等。Granovetter（1973）将社会资本分为强关系和弱关系。强关系是指企业与合作伙伴之间建立的紧密联系、知识共享、互相信任的强连接关系。弱关系则是充当个体或组织之间的"桥梁"，有利于个体或组织获取更丰富、异质性更大的信息和资源，以及进行应用性创新。

社会资本作为企业获取资源的重要来源，能够促进中小微企业的成长：第一，作为企业间和企业内部知识和信息转移的渠道，有助于企业获取各种信息，降低信息搜索成本（Tsai & Ghoshal，1998；Yli-Renko et al.，2001），为企业带来信息多样化、信息富足等信息收益。第二，促进企业间和企业内部各部门联结关系的建立，有利于企业间和企业内部资源的交换和整合（Gabbay & Zuckerman，1998），这既是企业获取关键资源的一种重要渠道（zhou et al.，2014），也能促进组织内部员工的集体共同行为，为组织的价值创造提供基石。第三，促进以信任为机制的合作关系的建立，增进企业间和企业内的合作（边燕杰和丘海雄，2000；Hsieh & Tsai，2010），减少合作与互动中的不确定性，降低交易成本；成为组织内部成员合作的黏合剂，增进组织成员之间的凝聚力（Sarel, et al.，2012；Matthew，2010）。第四，能促进企业间和企业内知识的分享与合作（Antonio，2000；Inkpen & Tsang，2005），有利于企业产生新的创意，从而促进企业的创新（Peter，2012；谢洪明，2006；Luca & Presutti，2010），进而有利于企业的成长。

（二）知识管理是科技型中小微企业提升成长的关键能力

知识管理主要帮助组织或者个人，是将组织中的知识资源通过获取、共享、转化以及利用等活动，为目标对象提高价值优势的过程。基于实践的视角与管理流程的思想，知识管理可以分为知识的创造、知识流动、知识分享以及知识转化与利用等步骤，它们之间具有一定的逻辑关系，形成完整的知识流程框架。一般而言，企业中的知识资源可以分为显性知识资源与隐性知识资源，这两种资源之间并没有一定的界限，在一定程度上可以相互转化。以知识管理流程与知识转化思维为基础，企业可形成一个动态的、双赢的知识管理研究框架。

对于中小微企业而言，知识管理能力是其获取竞争优势的关键能力。知识管理的整个流程具体可以分为知识的创造、获取、分享、转化等几个关键步骤。其中，知识转化包含两种知识资源的相互转化，即显性知识资源与隐性知识资源的相互转化。基于以上的流程构造，企业中的知识资源呈现螺旋式上升的趋势，这对企业的商业模式与工作流程有一定的积极影响，机理为该趋势可以加快企业创新的速度，提升企业创新成果转化的效率与成功率，提高企业的综合能力，促进企业长久、健康发展。

二、理论背景

(一) 社会资本的研究较多，但关注中小微企业社会资本的研究较少

整合企业内外部新资源和现有资源的能力是影响企业发展的关键因素之一 (Covin & Miles, 2007; Katila & Ajuha, 2002)。社会资本，作为一种通过社会关系网络获得的资源，已经在创业领域获得越来越多的重视。社会资本被视为企业成长的一种重要资源 (Subramaniam & Youndt, 2005; Yiu et al., 2008)。尽管社会资本是企业获取和交换资源的重要来源，但已有研究却较少关注企业是如何使用和整合社会资本以促进企业成长的。同时，对中小微企业社会资本也缺少关注性研究。针对中国当今经济环境中"重关系，低信任"的特殊情境，考察社会资本不同维度对中小微企业知识管理和企业成长的影响存在重要的现实意义。

(二)知识管理的研究机制仍值得进一步探索

基于国内外相关学者的研究,社会资本与企业成长之间的影响机制并未得到较好的回答,它们之间的影响路径与机理仍值得进一步探索与研究。

知识管理可以用来解释社会资本与企业成长之间的影响机制,但是现有研究成果对知识管理的考察,局限于知识管理的某一个环节或者是某几个环节。知识管理过程是一个复杂的过程,知识管理的实质是一种战略过程的管理,具有连续性、动态性和异质性的特征。因此,笔者认为在探索知识管理对社会资本与企业成长关系的影响时,应该考察完整的知识管理,如显性知识管理、隐性知识管理的不同影响关系。

第二节 研究对象与研究的问题

本书以科技型中小微企业为研究对象,力图探索科技型中小微企业是如何构建知识管理优势,进而成长的。基于社会资本、知识管理、创新三大领域的研究成果,本书探讨了科技型中小微企业的社会资本、知识管理对成长绩效的作用机制。具体而言,本书的核心命题为"科技型中小微企业的社会资本、知识管理与成长绩效的关系研究",具体分为五个子研究,总体研究框架如图1-1所示。

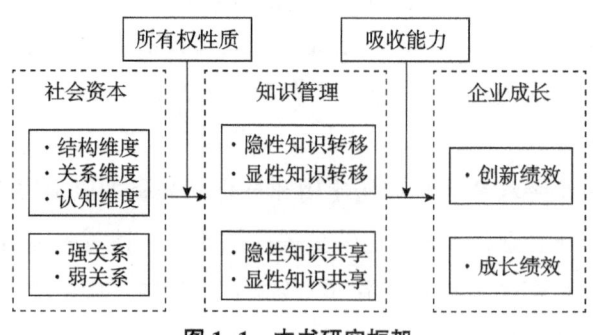

图1-1 本书研究框架

1. 子研究一：社会资本、知识转移与创新绩效

首先，基于社会资本理论，将中小微企业社会资本细分为结构社会本、关系社会资本，研究其对显性知识和隐性知识转移的影响作用。其次，研究知识转移在结构社会资本、关系社会资本与创新绩效关系间的中介影响机制。子研究一的研究框架如图1-2所示。

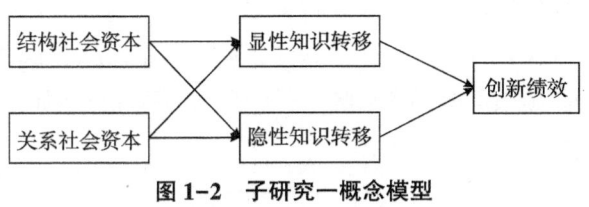

图1-2　子研究一概念模型

2. 子研究二：社会资本强度对技术创新绩效的影响机制研究

首先，将社会资本分为强关系和弱关系，研究其与知识共享、技术创新绩效的关系。其次，研究吸收能力在知识共享与技术创新绩效关系间的调节作用。子研究二的研究框架如图1-3所示。

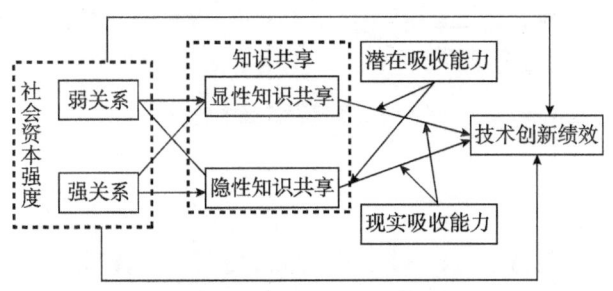

图1-3　子研究二概念模型

3. 子研究三：社会资本强度导致创新绩效与企业成长差异

将企业成长问题与创新、社会资本联系起来，可以发现社会资本存在强度区别并具有不同的企业功效，对企业社会资本强度与企业创新绩效及成长之间的影响路径、依赖关系进行实证研究。

4. 子研究四：社会资本与中小微企业成长的关系研究——以深圳市中小企业板上市公司数据为例

运用深圳市中小企业板上市公司数据，研究社会资本与中小微企业成

长的关系。以净利润与市盈率为企业成长因变量、企业家年龄及学历构成为社会资本变量，兼顾企业高管特质指标，运用部分最小二乘法进行实证检验。

5. 子研究五：在孵企业社会资本与创新绩效的关系 ——孵化器所有权性质的调节作用

对在孵企业社会资本的结构、关系和认知三个维度与创新绩效的关系进行理论探讨和实证检验，旨在揭示社会资本对不同所有权性质孵化器的在孵企业的创新绩效的差异性影响。子研究五的研究框架如图1-4所示。

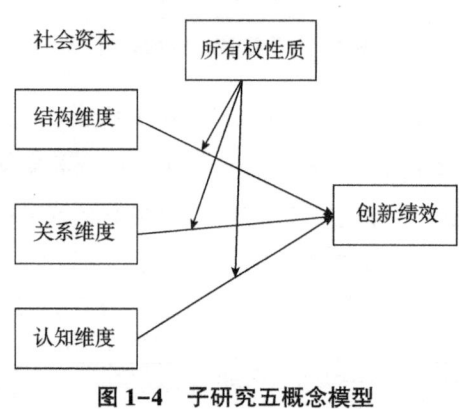

图1-4　子研究五概念模型

第三节　研究方法与技术路线

一、研究方法

本书的研究对象是科技型中小微企业。通过文献梳理和理论分析整理该领域的研究状况并对未来的研究进行展望，通过调研访谈和实证研究对科技型中小微企业的社会资本、知识管理与成长绩效的关系进行研究。具体的研究方法如下：

(一) 文献梳理

笔者依托学校图书馆的外文和中文管理类数据库平台,检索和阅读中小微企业、社会资本、知识管理、技术创新、社会资本与企业成长、知识管理与企业成长、吸收能力、所有权性质等方面的国内外权威文献,对研究现状进行总结、对未来研究进行展望,形成了本书的理论依据、研究框架和研究假设。本书对以下内容进行了文献梳理:①企业成长的内涵、企业成长绩效、企业成长理论;②社会资本理论的溯源、概念、维度及测量,社会资本与企业成长的关系研究;③知识管理研究。

(二) 问卷调研

在前期文献梳理的基础上,笔者借鉴国内外的成熟量表并结合研究问题设计调查问卷,委托专门的调研公司进行了具体的调研。

数据调研分为三个阶段:第一阶段,邀请三个创业管理研究方向的博士研究生对问卷的各题项进行仔细阅读和检查,根据他们的反馈对问卷的题项进行了细微的调整。如将"我们企业销售利润率高于行业均值"更改为"过去三年,我们企业的销售利润率高于行业均值"。第二阶段,对30家企业进行预调查,根据反馈结果对问卷的部分题项进行调整完善。第三阶段为正式调查阶段,在北京、上海、广州、深圳等多个地区对350家中小微企业进行调研,获取了相关变量的样本数据,为实证研究做了准备。

(三) 计量统计分析

本书采用 AMOS、STATA 软件对回收数据进行了分析。分析内容包括:描述性统计、验证性因子分析、信度和效度检验、多元回归分析、中介效应检验和调节效应分析。最终,对本书提出的假设进行了验证。

二、技术路线

本书的技术路线如图 1-5 所示。

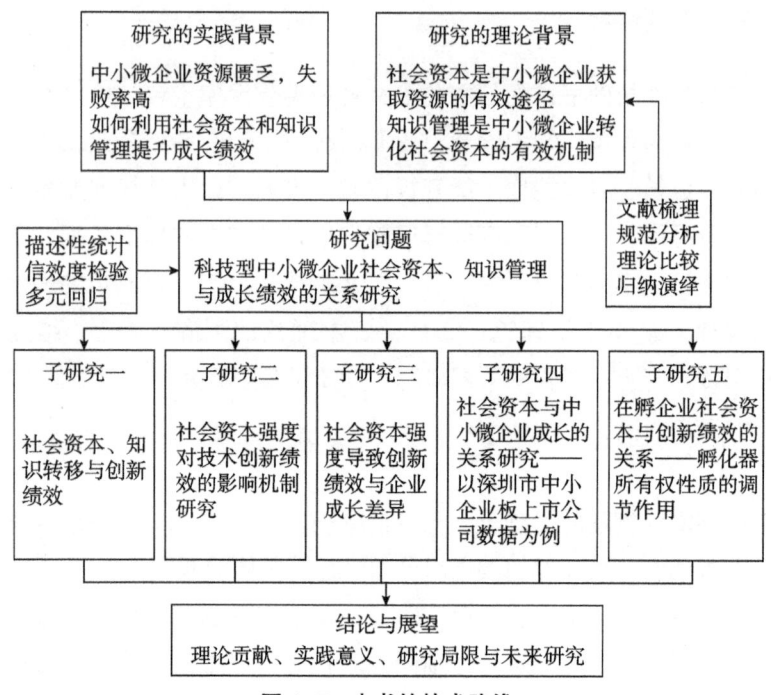

图1-5 本书的技术路线

三、研究安排

基于以上研究框架,本书共分为八章,具体结构分配如图1-6所示。

第一章:引言。基于实践背景与理论背景,将社会资本理论、知识基础理论以及创新理论等作为本书的理论基础,提出研究问题,明确研究对象,同时构建本书的技术路线、合理安排章节内容以及提出本书可能具有的创新点。

第二章:理论基础与文献综述。系统地回顾和梳理了企业成长、社会资本、知识管理研究文献。其中,对社会资本与企业绩效关系的研究成果进行了重点整理,为后面章节构建的研究框架奠定了理论基础。

第三章:社会资本、知识转移与创新绩效。将中小微企业社会资本细

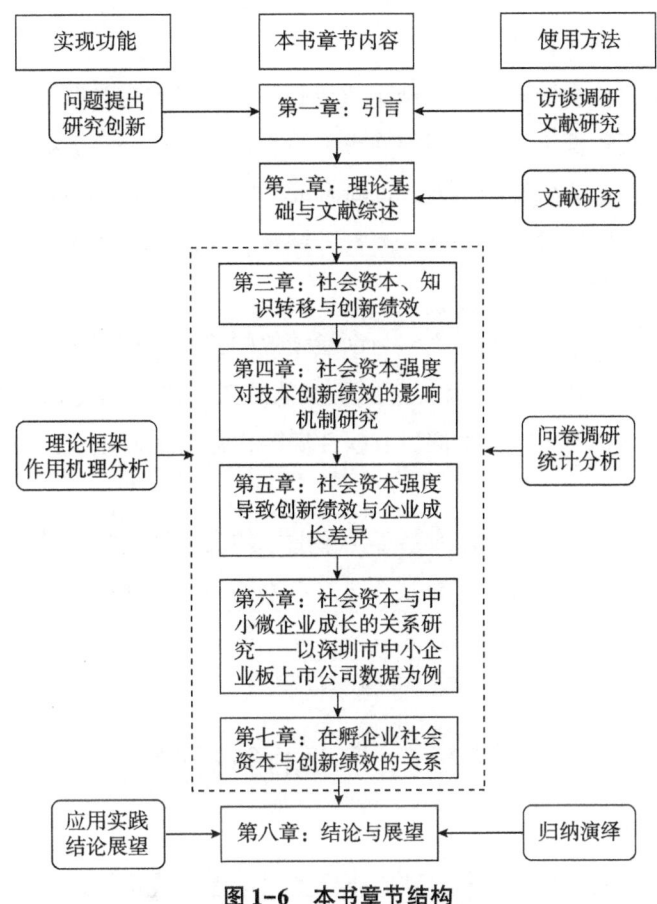

图1-6 本书章节结构

分为结构社会资本、关系社会资本，研究其对显性知识和隐性知识转移的不同影响作用。然后，深入探究知识转移在社会资本的结构维度、关系维度与创新绩效之间的影响机理。

第四章：社会资本强度对技术创新绩效的影响机制研究。将社会资本分为强关系和弱关系，研究其与知识共享、技术创新绩效的关系。研究吸收能力在知识共享与技术创新绩效关系间的调节作用。

第五章：社会资本强度导致创新绩效与企业成长差异。将企业成长问题与创新、社会资本联系起来，可以发现社会资本存在强度区别并具有不同的企业功效，对企业社会资本强度与企业创新绩效及成长之间的影响路径、依赖关系进行实证研究。

第六章：社会资本与中小微企业成长的关系研究——以深圳市中小企业板上市公司数据为例。运用深圳市中小企业板上市公司数据，研究社会资本与中小微企业成长的关系。以净利润与市盈率为企业成长因变量、企业家年龄及学历构成为社会资本变量，兼顾企业高管特质指标，运用部分最小二乘法进行实证检验。

第七章：在孵企业社会资本与创新绩效的关系。对在孵企业社会资本的结构、关系和认知三个维度与创新绩效的关系进行理论探讨和实证检验，旨在揭示社会资本对不同所有权性质孵化器的在孵企业的创新绩效的差异性影响。

第八章：结论与展望。对第三至第七章的实证结果进行总结，归纳本书的理论贡献和管理启示。同时，指出本书的不足，并提出潜在的未来研究的内容。

第四节　主要的创新点

中小微企业成长是学术界和实业界亟须考虑的战略性课题，然而相关研究就社会资本对中小微企业成长的作用机理的探讨还不成熟，存在诸多争议，而且对资源匮乏环境下中小微企业的成长机制的关注也较少。本书有以下几点理论贡献：

第一，丰富了中小微企业社会资本理论的研究。首先，我们发现了社会资本的不同维度与成长绩效、创新绩效之间的作用机制，发现了社会资本通过知识共享、知识转移、吸收能力促进企业成长的作用路径。这一发现丰富和完善了企业社会资本作用的研究文献。其次，丰富了社会资本理论应用的边界条件。我们考察了孵化器所有权性质在社会资本与创新绩效间的权变影响，发现与国有孵化器相比，民营孵化器增强了在孵企业的结构维度社会资本对创新绩效的正向影响，但是减弱了在孵企业的关系维度社会资本对创新绩效的正向影响。本书的发现为深入了解和认知中小微企业社会资本的权变价值，找寻不同维度社会资本的使用边界提供了新的实证数据。

第二，丰富了知识管理的驱动因素研究。我们深入探究了社会资本对知识共享、知识转移的作用机制，发现企业三个维度的社会资本均会驱动企业的知识共享和转移行为，而且强、弱关系对知识共享具有明显的驱动作用；发现关系强度这一关系嵌入特征对科技型中小微企业隐性知识转移和显性知识转移存在不同的影响机制，拓展了知识基础理论在中小微企业创新领域的应用。

第三，从权变理论视角，完善了知识管理与创新绩效之间的边界条件分析，探讨了潜在吸收能力和现实吸收能力在科技型中小微企业知识共享与创新绩效间的调节作用。研究发现，潜在吸收能力增强了隐性知识共享对技术创新绩效的正向影响；现实吸收能力增强了显性知识共享对技术创新绩效的正向影响。

第五节　本章小结

本章介绍了本书的理论和实践背景，提出如何利用企业社会资本、知识管理有效转化企业的社会资本优势、什么会影响企业社会资本与知识管理间的关系等相关研究问题；在分析科技型中小微企业社会资本对企业知识管理及成长绩效重要意义的基础上，界定了本书的研究问题，简述了本书的技术路线、研究方法、章节安排和主要创新点。

第二章

理论基础与文献综述

第一节 企业成长

一、企业成长的内涵

对企业成长的内涵界定可以追溯到亚当·斯密,他将企业成长与企业规模扩张联系起来。此后,学者们从多个角度界定了企业成长的内涵。早期研究中,学者们倾向于从量的成长角度来界定企业成长。以马歇尔为代表的古典经济学家认为,企业成长是单个企业规模的扩大,是企业为了追求规模经济而进行的扩张。Chandler(1992)认为,企业成长是企业充分利用技术和市场,使企业生产和分配领域不断变革的过程,其最终目的是实现规模经济或范围经济。科斯对企业成长的内涵进行了扩充,他认为企业的成长不仅表现为经营规模的扩大,还表现为企业功能的增加。Penrose(1959)从企业资源基础角度将企业成长解释为积累资源和提高资源使用率的过程。她对企业成长和规模扩大的关系进行了解读,认为企业成长是一个过程,而企业规模只是一种状态,两者之间的关系是:企业规模的扩大是企业成长的一种结果形式。国内学者毛蕴诗则将企业规模的扩大直接定义为企业成长。杨杜(2000)却认为企业成长和企业规模之间没有必然的联系,而且企业成长不仅包括量的增加,还应该包含质的变化。张玉利等(2001)在研究中小微企业成长时,也提出企业的成长不仅包含量的增长,还应该包括质的提高。其中,量的增长主要指企业资源的增加或者企业销售额、经营规模、利润等的变化,而质的提高主要指企业内在成长能力,如企业创新能力、环境适应能力、技术能力等的增强。邬爱其(2004)也认为将"量"和"质"两个方面结合起来,才能更好地理解企业成长的概念。她认为,企业量的成长与质的成长是互相促进的。量的增长主要体现为销售额增加、资产增加、人员增加等;质的成长主要体现为组织内部结构的优化、资源结构的改善、工作效率的提高、管理制度的创新、竞争优势的提高等结构性变化。同时,企业成长还是一个动态的过程,是质的变化和量的变化相互作用、协调统一的发展过程。

关注企业成长具有更为重要的意义,因为成熟企业已经度过生存期,其成长主要是维持生存能力,获得更大的发展,而中小微企业成立时间短,面临新生弱性的约束,其成长则意味着获取生存能力(Gilbert,2006),避免创业失败。对于中小微企业,企业成长有利于其实现规模或范围经济,能够提高其合法性地位,拓展资源获取渠道,从而获得一定的竞争优势。

在对企业成长概念和中小微企业概念分析的基础上,本书认为企业成长是指在内外部环境的共同作用下,企业规模扩大、能力增强的动态发展过程。此发展过程不仅侧重于企业规模的扩大和业绩的提高,还强调中小微企业克服新进入和弱小性缺陷,通过整合资源实现价值创造的过程。在此过程中,企业的组织能力持续提高,能够建立并持续提升竞争优势,从而能够发展成为一个更加科学、富有生机的企业组织。

二、企业成长绩效

企业成长绩效是创业研究中的一个重要测量变量。学者们从不同的维度对成长绩效进行了测量。目前,广泛使用的成长绩效的测量方法主要包括两种。一种是以单指标来测量企业成长绩效，其中被学者们广泛采用的单维度指标是销售额（Olson & Bokor, 1995；Chandler, 1996）。Olson 和 Bokor（1995）研究企业战略对中小微企业成长的影响、Chandler（1996）研究创业者先前经验与创业企业成长的关系时，都选择将企业销售额增长作为唯一指标来衡量中小微企业的成长。另外，员工数量变化也是经常被用来衡量企业成长的指标之一（Chaganti, 2002；Davidsson & Henrekson, 2002）。Delmar 对 55 篇有关中小微企业或中小微企业成长的实证文章进行分析，发现学者们通常只是测量企业成长绩效在一年、三年或五年内的变化，常采用的指标是销售额和雇员人数的变化。另一种方法是以多个指标来测量企业成长绩效，此方法在近期的研究中更为多见。Baum 等（2001）对 307 家中小微企业进行了数据调研，以探索其成长的影响因素，他们从企业的销售额年均增长率、人员年均增长率和利润年均增长率三个维度测量中小微企业的成长绩效。Antonicic（2001）用成长性和获利性测量中小微企业绩效。综上所述，学者们倾向于用多个指标对企业成长绩效进行衡量，其中常用的指标包括销售增长率、市场份额、销售利润率等。

因此，本书从量和质两方面对企业成长绩效进行测量，测量题项分别为："过去三年，我们企业的销售利润率超过行业平均水平""过去三年，我们企业的人员规模扩大超过行业平均水平""过去三年，我们企业所占有的市场份额超过行业平均水平""过去三年，我们企业的销售增长率超过行业平均水平""过去三年，我们企业的总体绩效高于行业平均水平"。

三、企业成长理论

企业成长一直是社会学、经济学和管理学重点研究的问题之一，数百年来涌现出很多理论研究学派，分别从企业外生成长与内生成长、量的成长与质的成长等角度对企业成长的内涵进行了解读。

（1）古典经济学的企业成长理论。古典经济学对企业成长的解读路径是：劳动分工促进生产率的提高，有利于企业生产规模的扩大，进而形成规模经济。亚当·斯密是最早对企业成长进行研究的学者,他在《国富论》中指出劳动分工可以提高生产率,是企业成长的内在根源。穆勒进一步指出企业是劳动者联合和劳动分工的产物,企业规模的大小由企业资本量决定。正是由于规模经济对资本的需要,才刺激了企业对扩大规模的追求,进而涌现出大企业这种模式。马歇尔(2015)对企业成长问题的分析较为全面,他分别从企业外部经济和内部经济、市场结构和企业家理论三方面对企业的成长进行了全方位的阐述。他认为,企业的成长同时需要外部经济和内部经济,外部经济为企业创造成长的市场空间,内部经济即良好的内部管理则能给企业创造获取利润的基础。关于企业规模的不断扩大是否会造成垄断市场结构的出现,马歇尔持有与主流经济学不同的看法。他认为,企业的规模完全可以达到一个很大的状态,甚至形成行业垄断局面。但是由于企业规模的扩大会让企业失去灵活性,会不利于企业竞争优势的发挥,所以企业的垄断最终只能是"有限的垄断"。马歇尔还指出,企业家是引领企业成长的核心力量。马歇尔的主要贡献是将古典的企业成长理论(即规模经济决定企业成长)与稳定的竞争均衡条件(即有限的垄断)结合在一起,从而对企业成长进行了较为全面的分析。

(2)新古典经济学的成长理论。新古典经济学将企业看作一个生产函数,企业成长是企业将其产量调整到最优规模的过程。在此过程中,影响因素都是外生的,企业成为一个被抽象化的"黑箱",企业的管理能力等内在因素对其成长的影响被忽视。因此,从新古典经济学的视角来看,追求规模经济以及范围经济是企业成长的动因。但是,新古典经济学忽视了企业的主动性,过于强调企业根据最优化规模的被动选择行为(Nelson & Winter,1982)。

(3)新制度经济学的成长理论。科斯是新制度经济学的代表人物,他于1937年提出了交易费用理论。该理论提出了企业与市场的二分法,认为企业是一种契约关系联结,是对市场的一种替代方案。企业对市场的替代有一定的限制,其中交易费用和组织成本的相对大小是决定企业规模的主要因素。当交易费用大于企业内部的组织成本时，企业的规模就会继续扩大。因此，节省交易费用才是企业成长的动力，企业的成长表现为经营规模的扩大和企业功能的扩大。威廉姆斯进一步从资产专用性角度解释了交易费用的产生机制，认为为了避免资产专用性带来的机会主义，企业通常会将市场所属的功能纳入企业内部，从而表现为企业边界的扩大。因此，从新制度经济学的视角来看，节约交易费用是推动企业成长的主要动因。新制度经济学是对新古典经济学的继承与发展，它对企业成长问题进行了分析，强调企业的交易性质，但是忽视了企业的实践成长环境，因此对企业成长的关注范围具有一定的局限性。

（4）彭罗斯（Penrose）的企业资源成长理论。Penrose（1959）对现代企业成长理论的完善做出了重要的贡献，其代表作 *Firm Growing Theory* 对企业成长的问题进行了系统的论述。她聚焦于单个企业的内生长过程，在"资源—能力—成长"的逻辑框架下解读企业成长的内部机制。她认为，企业的实质是资源的组合，企业的成长主要取决于对现有资源的有效利用，是对企业内部尚未利用资源的发现、挑选和利用的动态过程。因此，企业成长的驱动力来自企业内部，其异质、独有的资源组合是推动企业成长的动力。她还强调企业资源所能提供的服务质量依赖于企业的知识含量，而企业内部的管理活动即是外部知识内部化积累的表现。组织学习和经验的累积有利于企业管理能力的提升，进而影响企业的成长速度。此外，Penrose还指出创新是促进企业成长的重要驱动力。

（5）企业成长生命周期理论。借鉴生物学中的相关理论，企业成长生命周期理论将企业视同一个生命体，有着诞生、成长、成熟、衰退、死亡等成长阶段。哈佛大学教授Greiner是较早以企业成长阶段研究企业特点的学者，他认为企业的发展受企业规模、企业年龄、企业发展阶段等因素的影响。他将企业成长分为五个阶段，分别为创业、集体化、规范化、精细化与合作阶段，并逐一分析了每一阶段企业发展的特点。另一位较具代表性的学者是Adizes，他对企业的成长过程进行了更为详细的划分，将其分为三大阶段和十小阶段。三大阶段为成长阶段、再生与成熟阶段和老化阶段。其中，成长阶段包括孕育期、婴儿期、学步期三个小阶段，再生与成熟阶段包括青春期、盛年期、稳定期三个小阶段，老化阶段包括贵族期、官僚化早期、官僚期和死亡期四个小阶段。对中小微企业的研究主要关注企业生命周期中的前期阶段，有学者对中小微企业的创业阶段进行了细分。Holt 认为应该从创业前、创业、早期成长和晚期成长四个阶段关注中小微企业的成长问题。Senyard 从中小微企业筹备期和初期运营期两个阶段分析企业获取资源的特点。

四、企业成长研究述评

企业的成长是企业界和学术界共同关注的焦点问题。已有研究较多关注于通过引进外部资源的方式来补充制度环境的不完备以及企业资源禀赋的先天不足，进而促进企业成长。对于中小微企业如何主动化解制度约束及克服自身资源和能力的不足，获取关键资源，以促进企业成长的机制的研究则较为不足。

第二节 社会资本

一、社会资本的概念定义

20 世纪 70 年代，社会资本作为一个与物质资本、人力资本相补充的理论概念被提出，并最先在社会学中进行应用研究。1985 年，法国社会学家皮埃尔·布尔迪厄（Pierre Bourdieu）第一次对社会资本的概念进行了明确的界定，他将社会资本定义为"组织或个体拥有的潜在或现实的资源集合，这些资源是与组织或个体拥有的关系网络密切相关的"。他分析了社会资本与其他资本之间的联系和转换关系，认为个体可以通过社会资本获得经济资本，提升自己的文化资本。在 Bourdieu 的定义中，社会资本被视为一种资源，可以为个体拥有者带来经济收益，而且这种经济收益与个体所处的关系网络中可以调用的资源多少紧密相关。

此后，在 Bourdieu 社会资本定义的基础上，詹姆斯·科尔曼（James Cloeman）、罗伯特·普特南（Robert Putnam）、亚历山德罗·波茨（Alejandro Portes）、罗纳德·伯特（Ronald Burt）、马克·格兰诺维特（Mark Granovetter）、林南（Lin Nan）等众多学者纷纷对社会资本理论进行了相关研究，并做出了重要的理论补充和完善。表 2-1 归纳了代表性学者对社会资本的定义。

表 2-1　社会资本的定义

学者	研究角度	分析层面	社会资本的定义
Pierre Bourdieu	关系网络	个体	社会资本是组织或个体拥有的潜在或现实的资源集合，这些资源与组织或个体拥有的关系网络密切相关
James Cloeman	社会结构	个体	社会资本是存在于个体关系之间的一种无形资源，是个体拥有的一种以社会结构资源为特征的资本
Robert Putnam	政治社会学	组织	一种社会组织的特征，例如信任、规范、网络等，通过促进合作从而提高社会的效率
Ronald Burt	网络结构	个体或组织	社会资本是一种能够带来资源和控制资源的网络结构
Alejandro Portes	网络成员关系	个体	社会资本是指处在网络或更广泛的社会结构中的个体获取资源的能力
Mark Granovetter	网络嵌入	个体或组织	社会资本是嵌入个体或组织社会网络中的一种可以调动的资源
Lin Nan	网络资源	个体	社会资本是行动者在行动中获取和使用的嵌入社会网络中的资源，是期望在市场中得到回报的一种社会关系投资

续表

学者	研究角度	分析层面	社会资本的定义
Nahapiet 和 Ghoshal	组织理论	个体、组织	嵌入个体或组织关系网络中的现实或潜在资源的总和
Francis Fukuyama	组织理论	组织、国家	群体成员之间共享的非正式的价值观或准则，可以促进成员之间的合作

资料来源：笔者整理所得。

1988年，詹姆斯·科尔曼（James Coleman）发表了一篇代表性论文 *Social Capital in the Creation of Human Capital*，在文中他从社会结构角度对社会资本进行了详细的论述，并从功能上对社会资本进行了定义，认为"社会资本是存在于个体关系之间的一种无形资源，是个体拥有的一种以社会结构资源为特征的资本"。他认为，人们可以通过各种社会关系构建关系网络，关系紧密、互相依赖的关系网络可以为人们提供社会资本这一重要资源。

美国学者亚历山德罗·波茨（Alejandro Portes）则从能力观角度对社会资本进行了定义，认为"社会资本是处在网络或更广泛的社会结构中的个体获取资源的一种能力"。波茨在社会资本的定义中首次将社会资本视为个体可以拥有的一种能力，是个体可以通过社会交往与其他个体保持良好的关系从而让自己获得资源的一种能力。这种能力不是个人单独就可以持有的，而是必须与他人产生关联才有可能获得社会资本这种能力。同时，波茨还特别指出了社会资本不仅对个体有积极作用，也有可能产生消极作用。这种消极作用包括：排斥不同网络的非圈内人、限制个人决策自由、过分规范而消除不同思想、对网络成员要求过多过细等。波茨对社会资本负面影响的研究拓展了人们对社会资本的认知。

罗伯特·普特南（Robert Putnam）则将社会资本概念引入政治学研究领域，将社会资本界定为"一种社会组织的特征，如信任、规范、社会网络等，社会资本可以促进合作从而提高社会的效率"。普特南对社会资本的研究是建立在对意大利区政府长达数十年的跟踪调查基础上的,他的调查结果显示社会资本的程度会影响地区的经济发展和民主建设,社会资本对世界经济的发展具有推动作用。他指出社会资本具有社会规范的作用,可以较好地敦促组织成员团结合作以实现共同的利益。同时,他还对比分析了社会资本、人力资本和物质资本这三种资本的异同,指出社会资本可以促进人力资本和物质资本的提升。

此后,马克·格兰诺维特(Mark Granovetter)、林南(Lin Nan)、罗纳德·伯特(Ronald Burt)分别从社会网络研究角度对社会资本理论进行了重要的补充和扩展。

马克·格兰诺维特(Mark Granovetter)的"嵌入性"概念和"弱关系"假说奠定了社会资本理论发展的基石。"嵌入性"描述的是个体或组织的经济活动会受到其社会结构限制的一种状态。格兰诺维特指出交换是经济领域中最基本的一种活动,而交换的基础是双方建立起信任关系。信任是嵌入在交换双方的社会网络中的,因此人们或组织之间的经济行为也嵌入社会网络之中。由此,他认为"社会资本是嵌入于个体或组织社会网络中的一种可以调动的资源"。他在研究个人求职问题时进一步分析了嵌入关系强弱与可调动资源之间的关系,并提出了弱关系的力量作用,认为弱关系更能帮助求职者获得心仪的工作岗位。在对关系强弱的解释中,他认为强关系意味着同质性,弱关系意味着异质性。强关系有利于双方的合作与信任,但是也会带来社会网络的封闭,信息与资源会有同质性和重复性,不利于个体或组织的探索性创新行为。弱关系则可以充当起个体或组织之间的"桥梁",有利于个体或组织获取更丰富、异质性更大的信息和资源,以及进行应用性创新。

林南在格兰诺维特研究的基础上,提出了社会资源理论,并对社会资本理论进行了完善和补充。林南将资源分为个人资源和社会资源。个人资源是指个体拥有的知识、受教育程度、财富等资源,可以被个人直接支配;社会资源是指嵌入个人关系网络中的资源,如地位、名望、权力等,这些资源不能被个体直接使用,即必须在社会交往中才能获得并使用。他认为社会资本是一种社会资源，即必须在社会网络交往中才能够获得的一种资源。因此，他将社会资本定义为"行动者在行动中获取和使用的嵌入社会网络中的资源，是期望在市场中得到回报的一种社会关系投资"。林南还对社会资本的度量进行了研究，认为可以从个体直接或间接拥有的资源的数量和质量方面进行度量。

罗纳德·伯特（Ronald Burt）的重要贡献是提出了"结构洞"理论，该理论对社会资本理论的发展起到了重要的推动作用。1992年，伯特在《结构洞：竞争的社会结构》一书中首次提出"结构洞"概念，并指出社会资本与关系强弱没有必然的联系，而是与社会网络中的"结构洞"有着紧密的关系。他发现在社会网络中，有的个体之间会发生直接联系，而有的个体之间不会发生直接联系。如果用图形绘制个体之间的联系，则没有直接联系的个体之间在整个网络中就会形成一个空洞，他将其命名为"结构洞"。例如，在网络中，个体E和个体F互相认识，个体F和个体G互相认识，但是个体E和个体G不认识，那么个体E和个体G之间就会形成一个"结构洞"。如果个体E和个体G之间需要联系，则必须通过个体F来传递，故个体F就会拥有"结构洞"优势，即F会拥有信息和资源优势。伯特从网络结构角度研究社会资本，认为"社会资本是一种能够带来资源和控制资源的网络结构"，既可以用来描述个体之间的网络关系，也可以描述组织之间的网络关系。伯特认为个体或组织要想在竞争中占据优势，就必须与其他个体或组织建立和保持广泛的联系，占据更多的"结构洞"，从而拥有社会资本优势。

社会学家弗兰西斯·福山（Francis Fukuyama）对社会资本对经济发展、社会稳定以及社会信任的影响进行了研究，他将社会资本定义为"群体成员之间共享的非正式的价值观或准则，可以促进成员之间的合作"。他认为信任是社会资本的重要维度，信任可以使群体或组织的运行更加高效。

综上所述，随着研究的不断进行，学者们纷纷在各自的研究领域对社会资本进行了相关概念界定，但未形成统一的界定。社会资本的研究从社会学领域逐渐扩展到经济学、管理学、政治学等领域,从个人层面扩展到国家层面、企业层面,企业层面的研究获得了高度重视。国内外学者将社会资本应用于企业间合作、企业创新、资源共享和企业绩效等企业层面的研究,形成了一系列的研究成果。

关于社会资本的概念界定,总结起来主要有以下几个层面的研究:

(1) 从研究视角,可分为外部视角、内部视角。外部视角,从桥接观 (Bridging View) 的角度,研究主体与外部实体之间的关系 (Baker et al., 2003; Bourdieu, 1985; Burt, 1992; Portes, 1998),被称为"外部社会资本"。外部社会资本是个体或组织嵌入外部网络而拥有的资源,其产生于个体或组织的外部社会关系,主要作用是帮助个体或组织获得外部资源。外部社会资本主要体现的是嵌入组织外部社会关系网络的"资源获取能力",强调组织的多元化外部社会关系以及关系网络的关系质量;内部视角,从联结观 (Bonding View) 的角度,研究组织内部成员的互动关系 (Coleman, 1990; Putnam, 1995),被称为"内部社会资本"。内部社会资本是形成于个体或组织内部的连带关系,主要作用是提升组织的集体行动水平。

(2) 从理论研究角度,可分为资源观角度和能力观角度。资源观将社会资本视为企业拥有的关系网络给企业带来的一种资源 (Bourdieu, 1985; Baker et al., 2003; Nahapiet & Ghoshal, 1998)。例如,Nahapiet 和 Ghoshal 将企业社会资本界定为:"嵌入企业关系网络中的实际的和潜在的资源总和。" Nahapiet 和 Ghoshal 指出社会资本由关系网络和在关系网络中流动的资源共同组成。能力观将社会资本视为企业从关系网络中获取资源的一种能力 (Portes, 1998; 边燕杰和丘海雄, 2000)。例如,边燕杰和丘海雄将企业社会资本视为企业从与经济领域中的其他实体间发生的纵向联系、横向联系和社会联系的社会网络中获取稀缺资源的一种能力。

(3) 从研究层次,常见的是采用个体和群体的二分法以及微观—中观—宏观的三分法对社会资本进行分层研究。采用二分法的以 Coleman、Portes、Adler 和 Kwon 等学者为代表。Coleman 按照社会资本的服务对象不同,将社会资本分为个体社会资本和群体社会资本。个体社会资本是研究个人的社会关系和网络结构，以及通过网络获取资源的能力；群体社会资本是以团队、企业、国家、社会等集体概念为研究主体，研究整个群体成员之间连带、信任合作的互动关系，以及整个群体与外部利益相关者形成的网络形态等。采用三分法的以 Brown、Glen Loury、Granovetter、Lin Nan、边燕杰等学者为代表。微观层面社会资本研究的核心是个体如何通过社会网络获取和使用网络资源，侧重于对个人社会网络结构的研究。例如，Glen Loury 将社会资本定义为"处于个人社会网络结构中的能帮助个人的有价值资产"；Portes 则指出社会资本的嵌入性，认为社会资本是"个人通过社会关系获取资源的一种能力"。Granovetter、Lin Nan、边燕杰等学者也以个体社会关系网络为出发点，研究探讨了个体可以获得和使用的资源。中观层面社会资本研究的是团队、组织等作为一个整体所拥有的社会网络结构，与其他社会实体之间的关系类型，以及如何获取资源。例如，Portes (1998) 将组织社会资本分为组织内社会资本和组织间社会资本。组织内社会资本包括组织内成员之间的互动关系，以及信任、共同愿景等影响成员行为的准则；而组织间社会资本包括组织与外部利益合作伙伴间的关系网络形态，以及互惠、共同认知等规范。宏观层面社会资本的研究以社会为研究对象，探讨社会系统中的文化、规范、网络结构等对社会政治经济发展的影响。例如，Putnam 将社会资本界定为"一种社会组织的特征，例如信任、规范以及社会网络等，社会资本能够通过促进合作行为来提高社会的效率"。Fukuyama 则认为社会资本是社会成员共同遵守的非正式的价值观和行为规则，信任度高的社会更容易促进成员之间的合作，有利于整个社会经济的发展。联合国开发计划署也将社会资本视为社会结构的黏合剂，可以将物质资本、自然资本和人力资本结合在一起，其体现在社会的各个组成部分中，是一种社会规则。

基于以上分析，本书的中小微企业社会资本研究属于群体层面的社会资本研究。本书主要从外部视角和内部视角相结合的角度，探索中小微企业社会资本对企业成长的影响机制。

二、企业社会资本的维度及测量

学者们从不同角度对企业社会资本的维度进行了划分。本书对常见的社会资本维度进行总结,如表2-2所示。

表2-2 社会资本的维度划分

研究者	社会资本分类维度	类别解释
Nahapiet 和 Ghoshal	结构维度	网络成员之间的连带、互动关系,包括网络连带、网络密度、网络结构等网络联结形式
	认知维度	网络成员在认知方面的一致性倾向和行动,包括共同语言、共有愿景等
	关系维度	网络成员通过社会互动建立的关系类型,包括信任、规范、认同、义务等形式
Yli-Renko 等	结构维度	企业之间的网络联系状况
	认知维度	企业间社会交互作用的水平
	关系维度	企业之间联系的关系质量
Adler 和 Kwon	外部社会资本	组织嵌入外部网络而拥有的资源,其产生于组织的外部社会关系,主要作用是帮助组织获得外部资源
	内部社会资本	内部社会资本是形成于组织内部的连带,主要作用是提升组织的集体行动水平
Gulati	关系嵌入	强调社会关系联结
	结构嵌入	强调组织在网络中的位置,联结的多少和强弱影响信息交流的程度
边燕杰和丘海雄	纵向联系	企业与上级集团企业、政府部门以及下级企业、分支机构、部门之间的联系
	横向联系	企业与其他相关企业之间的联系,例如与合作伙伴、中介机构之间的联系
	社会联系	企业经营者的社会交往和联系

续表

研究者	社会资本分类维度	类别解释
陈劲和李飞宇；张方华	纵向关系资本	企业与经营上下游企业的关系，主要包括与供应商、客户之间的关系
	横向关系资本	企业与竞争对手、合作伙伴和其他企业之间的关系
	社会关系资本	企业与其他社会单位之间的关系，具体包括与政府部门、行业协会、金融机构、大学和科研机构、中介机构等社会实体之间的关系
Zhou 等	政治社会资本	企业与政府及其相关部门的关系
	商业社会资本	企业与合作企业、客户等主体之间的关系
Peng 和 Luo；吴俊杰和戴勇	技术社会资本	组织与外部技术利益相关者建立的社会关系网络，以获取组织技术创新所需的信息与知识
	制度社会资本	组织与政府规制机构人员建立的社会关系网络
	商业社会资本	组织与外部组织高层管理之间建立的社会关系网络，由关系网络所带来的信息与知识资源

资料来源：笔者整理所得。

社会资本测量维度主要有单维度和多维度两种。在社会资本研究的早期，很多学者认为社会资本可以由单一维度构成。例如，信任被认为是社会资本的主要表现形式，故将社会资本等同于信任。也有学者认为社会资本存在于社会网络中，可以用社会网络位置来衡量社会资本（Burt，1992；Lin Nan，1998）。但是随着研究的不断开展，越来越多的学者对企业社会资本的内涵进行了拓展，更倾向于认为采用多个维度才能衡量社会资本。其中较具代表性的是 Nahapiet 和 Ghoshal（1998）构建的三维度模型。两位学者在借鉴 Granovetter 结构嵌入和关系嵌入思想的基础上，创建了由结构维度、关系维度、认知维度三方面构成的企业社会资本框架。其中，结构维度是指从网络嵌入的角度，探讨组织的整体网络，包括组织网络的联结形态和组织之间的各种联结。具体可用内部联结、网络连带、网络密度、网络结构等联结形式来表示。关系维度是指网络成员通过社会互动建立起来的关系类型，包括信任、规范、认同、义务等形式。认知维度是指网络成员在认知方面的一致性倾向和行动、对事物的共同态度或者看法等，包括共同语言、共有愿景、相似的价值观等。认知维度社会资本是一种便于组织集体行为进行沟通的资源。网络成员之间用共同熟知的语言进行沟通，有助于达成一致的集体目标，并对共同的目标有更深入的理解。共享愿景是组织成员对树立集体目标的憧憬，是达成共享价值观和目标的基础，可以促进成员间建立沟通合作的网络，促进组织的发展。很多国内外学者在后续的研究中都沿用了 Nahapiet 和 Ghoshal（1998）提出的对社会资本进行结构、关系、认知三个维度划分的方法，但是不同学者对于三个维度包含的具体因素进行了不同的定义。例如，Tsai 和 Ghoshal（1998）用网络联系代表结构维度、信任代表关系维度、共享愿景代表认知维度；Yli-Renko 等（2001）将企业社会资本的三个维度分别定义为：企业之间的网络联系状况、企业间社会交互作用的水平、企业之间联系的关系质量。

郭国庆和汪晓凡（2005）等则从内外部角度划分社会资本的维度，将社会资本分为外部社会资本和内部社会资本。其中，外部社会资本是指企业与外部实体之间的关系，具体包括企业与外部相关利益者之间的联系，相关利益者包括客户、供应商、科研院所和高校、政府部门、中介组织、其他企业等。内部社会资本是形成于组织内部的连带关系，主要作用是提升组织的集体行动水平。在衡量企业内部社会资本时，不同学者定义了不同的测量指标。例如，Portes（1998）建议用企业内部员工之间的"信任"和"共同愿景"来衡量内部社会资本，这样可以更好地反映组织的集体行动能力；郑胜利和陈国智（2002）则认为，企业的内部社会资本应该包括工人间、工人与管理者间、管理者间和各部门间的社会资本四个部分；郭国庆和汪晓凡（2005）用企业内生产部门与技术部门的联系、生产部门与营销部门的联系以及技术部门与营销部门的联系来测量内部社会资本。

边燕杰和丘海雄（2000）基于中国企业社会资本的现实情况，将企业社会资本定义为企业与社会的联系以及通过外部社会联系获取稀缺资源的能力，并根据企业外部社会联系的不同类别，将其细分为纵向、横向和社会三方面的联系。其中，纵向联系是指企业与上级集团企业、政府部门以及下级企业、分支机构、部门之间的联系。上级相关部门是企业纵向联系的核心部门，也是企业获取关键资源的重要渠道。他们建议用"企业法人代表是否在上级领导机关任过职"来测量纵向联系，其含义是如果企业法人代表曾在上级领导机关任职则意味着企业有纵向联系的优势，易于获取稀缺资源。横向联系是指企业与其他相关企业之间的联系，例如与合作伙伴、中介机构之间的联系。这种横向联系也会扩大企业的资源获取渠道。他们用"企业法人代表是否在其他行业的企业承担过管理工作"来衡量横向联系，他们认为法人代表的跨行业工作经历会帮助企业拓展与其他企业的联系，便于企业获取资源。社会联系则指企业经营者的社会交往和联系。他们认为企业经营者的非经济性社会交往和联系是企业与外界社会沟通信息的重要渠道，也是企业一种必要的财富，建议采用"企业法人代表社会交往和联系的广泛程度"来衡量社会联系，广泛程度高的社会联系有利于企业获取周边资源。陈劲和李飞宇（2001）、张方华（2005）在研究中延续了社会资本的纵向联系、横向联系和社会联系三个维度，分别定义为纵向关系资本、横向关系资本和社会关系资本。他们对这三种资本的含义进行了进一步的延伸，纵向关系资本主要指企业与经营上下游企业的关系，主要包括与供应商、客户之间的关系；横向关系资本主要指企业与竞争对手和其他企业之间的关系；社会关系资本则指企业与其他社会单位之间的关系，具体包括与政府部门、行业协会、金融机构、大学和科研机构、中介机构等社会实体之间的关系。

为了深入研究政府对企业获取资源的特殊作用，Peng 和 Luo（2000）、吴俊杰和戴勇（2013）、Zhou 等（2014）单独提出了政治或制度社会资本的概念，其重点是衡量"企业与政府及其相关部门的关系"。因为不管是在西方社会，还是在中国转型经济的特殊背景下，政府都在企业的资源获取、成长发展中发挥着重要的作用。Zhou 等（2014）将企业社会资本划分为政治社会资本和商业社会资本，可以通过"企业代表是否曾经在政府部门任职或担任过政协委员、人大代表"来测量。商业社会资本是指企业与合作企业、客户等主体之间的关系。Peng 和 Luo（2000）将社会资本分为制度、商业和技术三个维度的社会资本。制度社会资本是指"组织与政府规制机构人员建立的社会关系网络"，等同于政治社会资本。技术社会资本是指"组织与外部技术利益相关者建立的社会关系网络"，便于获取组织技术创新所需的信息与知识。商业社会资本是指"组织与外部企业高层管理之间建立的社会关系网络"。

三、企业社会资本与企业成长的关系

从企业社会资本概念被提出以来，学术界和企业界一直关注社会资本对企业成长的作用。虽然国内外学者对社会资本维度的划分不完全一致，但是国内外学者对社会资本对企业绩效的影响展开了大量的理论和实证研究。部分研究显示：社会资本是企业间知识和信息转移的渠道，有利于企业获取信息（Yli-Renko et al.，2001）、降低搜索和交易成本、减少合作与互动中的不确定性、增进组织成员的凝聚力、促进企业的创新活动（Tsai & Ghoshal，1998），从而有利于企业的成长（杜丹丽等，2015）。也有研究成果显示社会资本具有负面作用，会造成企业投入过大（李永强等，2012）、束缚企业创新思想的产生、限制创新决策，从而制约企业的成长。总的来说，有关企业社会资本与中小微企业成长关系的研究还没有一致性结论。目前，国内外学者以不同的研究视角探索了社会资本对企业成长的影响，大体可以分成三条脉络。一是研究社会资本对企业成长直接的正向或负向作用；二是将社会资本和企业成长放到具体情境下进行关系研究；三是在社会资本和企业成长之间加入中介变量，再验证其相关性。

（一）社会资本对企业绩效的直接作用机制研究

在研究早期，学者们主要关注社会资本对企业成长的直接作用机制，探索社会资本整体及其不同维度对企业财务绩效、产品创新、创业绩效等的直接促进作用。大部分研究结果显示,社会资本与企业成长存在正相关关系。该类研究归纳起来有以下几种研究思路:其一,分别探索社会资本的三个维度(结构、认知和关系维度)对企业创新能力、财务绩效、成长绩效的影响作用。例如,鲍盛祥(2014)、程聪和谢洪明(2013)、王国顺和杨昆(2011)等实证研究了结构社会资本、认知社会资本、关系社会资本对企业的创新能力有显著的正向影响;Nahapiet和Ghoshal(1998)、杜丹丽(2015)、游家兴(2014)则验证了社会资本三维度对企业的经营绩效具有显著影响。其二,从社会资本的政治、技术、商业等维度研究其对企业绩效的影响。例如,Peng和Luo(2002)的实证研究结果显示,政治社会资本(Political Ties)正向影响企业的资产收益率,商业社会资本对企业的资产收益率没有影响,关系对服务型企业、小企业、低增长行业内的企业影响更大;Li和Zhang(2007)通过收集北京高科技产业园区184家企业数据进行研究,实证结果显示政治社会资本正向显著影响中小微企业的绩效;Gu、Hung和Tse(2008)发现关系会正向影响企业的销售增长率和市场份额,但是在竞争比较强的行业,其影响程度会减弱;Li、Poppo和Zhou(2014)发现,关系与内资企业资产增长率正相关,关系对外资企业资产增长率的影响呈倒U形。

学者们非常关注企业社会资本促进企业成长的内在机制,认为它可以通过以下几个方面促进企业的成长:第一,作为企业间和企业内部知识和信息转移的渠道,有助于企业获取各种信息、降低信息搜索成本(Tsai & Ghoshal,1998;Yli-Renko et al.,2001),为企业带来信息多样化、信息丰富度、信息量等信息收益。第二,促进企业间和企业内部各部门联结关系的建立,有利于企业间和企业内部资源的交换和整合,这既是企业获取关键资源的一种重要渠道(Zhou et al.,2014),也能促进组织内部员工的集体共同行为,为组织的价值创造提供基石。第三,促进以信任为机制的合作关系的建立,增进企业间的合作(边燕杰和丘海雄,2000),减少合作与互动中的不确定性,降低交易成本;成为组织内部成员合作的黏合剂,增进组织成员之间的凝聚力。第四,能促进组织间知识的分享与合作

(Antonio, 2000; Inkpen & Tsang, 2005), 有利于企业产生新的创意, 从而促进企业的创新 (Peter, 2012; 谢洪明, 2006), 进而有利于企业的成长。企业社会资本促进企业成长的相关研究文献如表2-3所示。

表2-3 社会资本与企业成长正相关文献

文献	研究对象	社会资本维度	主要结论
Andrea (1994)	120家中小微企业	社会联系	企业家丰富的社会联系有利于其整合企业的内外部资源,进而有利于企业创新
Tsai 和 Ghoshal (1998)	200家企业	社会联结、信任、共享愿景	组织社会资本促进企业产品创新
Antonio (2000)	西班牙90家企业	结构维度、认知维度和关系维度	社会资本与创新显著相关
Peng 和 Luo (2000)	127家企业、32名高级管理人员	制度社会资本、商业社会资本	企业与政府部门及其他企业高管之间的良好关系可以提高企业绩效
Yli-Renko 等 (2001)	189家英国高科技企业	网络联系、社会交互、关系质量	社会资本与企业绩效呈正相关
Yli-Renko 等 (2002)	133家芬兰电子类企业	外部社会资本、内部社会资本	企业外部社会资本和内部社会资本可以促进企业在国际上的销售额
Janinge 和 Sarah (2005)	14家苏格兰中小微企业	强联系	创业者可利用强联系获取大量的信息、资源和知识,从而促进企业的发展
边燕杰和丘海雄 (2000)	中国广东省188家企业	纵向联系、横向联系和社会联系	社会资本能提升企业的经营绩效
Moran (2005)	100家制药公司,120位产品销售经理	结构维度、关系维度	结构维度社会资本有利于企业完成例行任务,关系维度社会资本有利于企业完成创新型任务
谢洪明 (2006)	中国华南地区134家企业	外部社会资本、内部社会资本	内部社会资本和外部社会资本都与组织的技术创新和管理创新正相关
孙永风、廖貅武和李垣 (2008)	608家企业	外部社会资本、内部社会资本	社会资本有利于企业获取知识,促进企业绩效提升

续表

文献	研究对象	社会资本维度	主要结论
Li、Poppo 和 Zhou（2008）	124家企业	关系	关系会正向影响内资企业的资产增长率，关系对外资企业的资产增长率的影响呈倒U形
Luca（2010）	340家意大利高新技术企业	强关系、弱关系	强关系有利于企业利用性创新；弱关系有利于企业探索性创新
Matthew（2010）	84家美国高尔夫行业零售商	网络结构、网络联系、网络资源	社会资本的结构维度对零售商的财务绩效有正向促进作用
Hsieh 和 Tsai（2010）	中国台湾地区90家企业	结构维度、认知维度和关系维度	企业社会资本能减少新产品周期和开发成本，促进企业绩效
Lee 等（2011）	500个新产品开发团队	结构、关系、认知	团队的社会资本水平越高，新产品开发绩效越好
苪汉成和宋典（2011）	中国长三角地区136家企业	内部社会资本	内部社会资本有助于员工达成共同目标，促进员工间共享信息和资源，提高企业绩效
Peter（2012）	120家制药企业	关系嵌入、结构嵌入	关系嵌入促进产品和流程创新；结构嵌入有利于提升企业销售额
Sarel（2012）	1435家澳大利亚中小微企业	结构社会资本	中小微企业与合作伙伴之间的联系有利于其获取更多的资源
Sainaghi 等（2014）	84家酒店企业	结构社会资本	非高峰期结构社会资本与酒店业绩的相关性较高
Zhou 等（2014）	北京、上海、广东166家制造型企业	政治社会资本、商业社会资本	政治社会资本有利于企业获取独占或稀缺资源
杜丹丽和蒋铁成（2015）	344家科技型中小微企业	结构社会资本、关系社会资本、认知社会资本	企业社会资本提高企业的动态能力，有利于中小微企业的成长
蒋勤峰（2016）	270家中国苏南地区创新型企业	结构、关系、认知	认知维度社会资本与企业财务绩效、成长绩效和创新绩效高度相关
Mani 等（2015）	114家突尼斯家族企业	结构、关系、认知	结构维度社会资本和关系维度社会资本与家族企业的财务业绩和非财务业绩正相关。认知维度社会资本对财务业绩有显著的正面影响，但对非财务业绩没有显著影响

续表

文献	研究对象	社会资本维度	主要结论
Kim 和 Sunghong（2016）	分布在 13 个行业的 227 家韩国制造企业	结构、关系、认知	社会资本增加了积极的互动，降低了沟通的不确定性；促进了各种知识的交流，对知识创造产生了积极的影响，因而社会资本对企业的开放创新能力有积极的影响
Hoon 和 Choi（2016）	韩国武州产业集群	桥接社会资本、联结社会资本	社会资本对企业创新绩效有直接的影响
Yoon 和 Heon-Deok（2016）	227 家韩国集群中小微企业	网络、信任和规范	以网络、信任和规范为代表的高水平的社会资本对中小微企业集群的企业业绩产生了积极的影响
Fonti 等（2016）	48 家服务企业	结构、关系、认知	组织成员之间的稳定关系产生的社会资本对组织绩效有直接的积极影响
Tantardini 等（2017）	美国佛罗里达公共服务组织七年面板数据	结构、关系、认知	社区社会资本与公共财务业绩正相关

资料来源：笔者整理所得。

然而，随着对企业社会资本作用研究的深入，也有一些学者得到了不同的观点。例如，Tsai（2006）的实证研究结果显示社会资本的关系嵌入维度与创新绩效之间并无显著的相关关系，而 Sorenson（2008）则提出社会资本对企业绩效的作用不是立竿见影，还存在一定的滞后效应；Parker（2008）通过分析中小微企业构建网络的时间和成本，指出构建和维持适宜的关系网络对企业是有利的，但是关系网络过大时维系时间投入过多，成本上升反而不利于企业的成长，因此社会资本与企业绩效之间不是线性关系，而是倒 U 形关系；Uzzi（1997）从网络嵌入的角度指出过度嵌入会导致企业只专注于自身网络，忽视现有网络之外的信息和知识；Florida（2002）发现过高的社会资本意味着企业封闭在较窄的"圈子"里，获得的信息大多是同质的，不利于企业创新活动的开展；Presutti（2014）对 130 家中小微企业进行调研后发现，结构维度有利于企业的知识获取，但是关系维度和认知维度却不利于企业知识获取能力的提升；Malik 和 Tariq（2012）针对 252 家制药企业的实证研究也显示，信息多样性与企业绩效负相关，而信息丰富度与企业业绩没有显著的联系。企业社会资本与企业绩效不相关或负相关的典型文献如表 2-4 所示。

表 2-4　社会资本与企业成长负相关文献

文献	研究对象	社会资本维度	主要结论
Uzzi（1997）	创新企业	网络嵌入	过度嵌入会导致企业只专注于自身网络，忽视了现有网络之外的信息和知识
Portes（1998）	创新企业	网络嵌入	过高的社会资本阻碍企业吸纳新成员、不利于企业创新行为的产生、限制了企业自由决策
Morten（2001）	67 个新产品开发团队	结构、关系、认知	企业社会资本对新产品研发的影响并不显著
Florida（2002）	40 家中小微企业	结构、关系、认知	企业社会资本与企业创新性之间存在负相关关系
Adler 和 Kwon（2002）	60 家小微企业	关系嵌入	社会资本导致关系网络维系成本过高，阻碍了企业创新思想的产生
Saxton 等（2005）	284 个美国非营利组织	政治参与、桥接社会资本、人际信任	研究非营利组织创业在多大程度上由各种形式的社会资本所决定。结果显示，人际信任水平不会导致非营利组织创业绩效的增长
Indre 和 Mark（2006）	6 家新创生物技术公司	结构、关系、认知	过高的社会资本会对企业产生锁定效应（Lock in），包括关系锁定（Relational Lock-in）和认知锁定（Cognitive Lock-in）
Tsai（2006）	创新企业	关系嵌入	社会资本的关系嵌入维度与企业创新绩效没有显著的相关关系
龚鹤强和林健（2007）	中国广东省 142 家民营企业	关系维度	过大的关系网络导致企业成本增加，降低了企业绩效

续表

文献	研究对象	社会资本维度	主要结论
Parker (2008)	制造企业	结构、关系、认知	社会资本与企业绩效不是线性关系,而是倒置的U形关系
Sorenson (2008)	制造企业	结构、关系、认知	社会资本对企业绩效的影响不会立即起效果,具有一定的时间延后性
孙俊华和陈传明 (2009)	332家制造业上市公司	纵向联系、横向联系	企业家的纵向关系网络与企业短期绩效负相关
Bratkovic 等 (2009)	斯洛文尼亚中小微企业创业者	网络嵌入	资源网络强度可以对企业增长产生积极影响;资源中心度与企业增长呈负相关
石军伟和付海艳 (2010)	155家中国企业	等级制社会资本、市场社会资本	等级制社会资本与企业的市场权力正相关,但却会降低企业的运营效率;市场社会资本有利于企业运营效率的提升,但对企业的市场权力没有显著影响
Andrews 和 Rhys (2010)	2002~2005年100家企业的面板数据	结构、关系、认知	社会资本的认知维度和关系维度与企业绩效正相关,但社会资本的结构维度与服务绩效无关。本研究结果显示社会资本不同维度提升企业绩效的作用不一致
Kianto 等 (2010)		内部关系社会资本和组织间关系社会资本	实证研究了企业内部和组织间关系社会资本与组织发展的关系,结果表明,与现有文献的结论相反,社会资本在促进组织增长方面只起了微薄的作用
Noordhoff 和 Kyriakopoulos (2011)	157家荷兰企业	关系嵌入	供应商与客户间的关系过度嵌入会减小客户创新知识对供应商创新能力的正面影响
Veronica 和 Revilla (2011)	730家西班牙企业	结构、关系、认知	社会资本与企业绩效具有倒曲线关系
李永强等 (2012)	155名企业家	连带强度、信任、认知相似性	从关系嵌入的角度发现,企业家社会资本的负面效应包括:关系网络维系成本增加、抑制创新思想的产生、不利于企业创新决策

续表

文献	研究对象	社会资本维度	主要结论
Laursen 等（2012）	2000家意大利企业		本地的潜在社会资本与外国市场绩效是倒U形关系
Presutti（2014）	意大利107家小型高科技企业	结构、认知、关系	结构维度社会资本与企业知识获取正相关，关系维度和认知维度社会资本与企业知识获取负相关
Lee 等（2016）	韩国100多家大型上市公司	内部社会资本、外部社会资本	董事会内部社会资本与企业增长呈负相关关系，董事会外部社会资本与企业增长呈正相关关系

资料来源：笔者整理所得。

Portes是较早关注社会资本负面作用的学者，他主要从社会资本的网络嵌入维度总结社会资本对企业的消极作用：第一，强关系网络会给网络中成员带来信息、资源共享的优势，但是会造成排斥圈外人的现象，阻碍吸纳新成员，从长期来看不利于网络成员对新知识的获取；第二，紧密联系的网络结构蕴含着群体的封闭性，对网络成员要求过多，会限制其自由决策的能力；第三，网络中的群体规范、共享语言等会加强成员之间的沟通，有利于形成集体行动优势，但是也会给成员带来从众压力，约束个体追求差异化行为，不利于创新行为的产生。这种同一性的压力会强化网络中的群体思维和同构现象，导致成员的思想具有很高的同质性，不利于提出创新性的方案。Adler和Kwon（2002）也认为过度的关系嵌入可能会阻碍新思想进入，不利于企业的创新。同时他们还从成本收益角度指出，企业获取社会资本优势需要付出维系成本，当维系成本过高时，企业不仅没有获得竞争优势反而会对企业绩效产生负面影响。

Indre和Mark（2006）对6家新创生物技术公司进行了长期跟踪研究，他们认为过高的社会资本会对企业产生锁定效应（Lock in），包括关系锁定（Relational Lock-in）和认知锁定（Cognitive Lock-in）。其中，强关系网络中伙伴关系的固化，以及高度的互惠准则会妨碍新成员的加入，造成企业合作伙伴的关系锁定效应；而相对固定的合作关系会强化成员的认知和看法，不利于异质性思想和创新思想的产生，而造成认知锁定。不论是关系锁定还是认知锁定都不利于企业获取新的资源，也不利于创新性活动的开展。李永强等（2012）也从关系嵌入的视角发现，社会资本的负面效应主要有：关系网络维系成本增加、抑制创新思想、抑制创新决策。Pillai、Hodgkinson 和 Nair（2017）认为，社会资本会产生五个方面的负面效应，分别为：抑制个人学习、产生群体思维、阻碍组织结构调整、引发非理性升级的承诺、模糊组织边界。

归纳起来，学者们解释社会资本负面效应的产生机制主要有：过度嵌入（Laursen，2012）、成本效益（Molina，2010；Yu，2010））、不灵活性和锁定（Villena & Chiu，2010）、互惠义务和规范（Villena，2011）等。因此，社会资本既能为企业带来正面效应，也可能会因为束缚创新思想、限制创新行为、投入成本过高等给企业带来负面效应。

（二）社会资本对企业成长绩效影响的情景因素研究

随着研究的深入，社会资本对企业绩效的正向作用和负向作用得到了大量实证研究的支持。学者们发现在不同情境和环境因素的影响下，社会资本对企业成长绩效会有正负两方面的影响。社会资本与企业创新存在倒 U 形关系（唐方成，2014），过度嵌入对企业绩效（Uzzi，1997）会产生负面效应，会降低创新知识对企业创新能力的正面影响。Uzzi 发现网络嵌入性与企业绩效呈倒 U 形关系。Noordhoff 等（2011）认为供应商与客户间关系的过度嵌入会降低客户创新知识对供应商创新能力的正面影响。Veronica（2011）等也证明社会资本与企业绩效呈倒 U 形关系。

于是，学者们从关注"社会资本是否对企业绩效有作用"转到关注"社会资本何时对企业绩效有影响（调节效应）"。这些研究主要从两个角度展开：一是环境因素；二是组织自身因素（见图 2-1）。

（1）环境因素方面：外部环境的稳定性和复杂性（贺远琼和田志龙，2008）、行业竞争程度、制度环境（邹国庆和董振林，2015）都会影响社

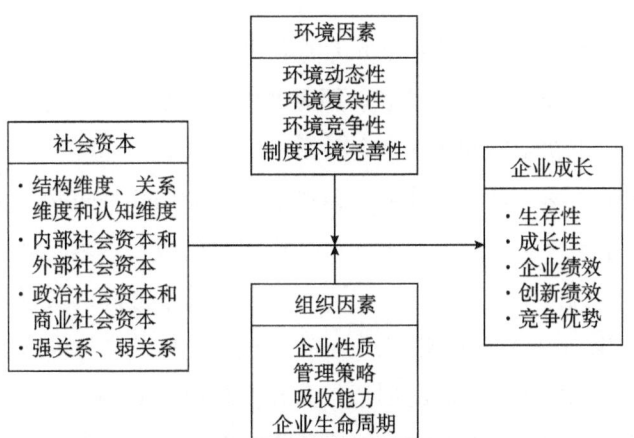

图 2-1　社会资本对企业成长作用的调节变量

会资本对企业业绩的作用。贺远琼和田志龙（2008）研究了企业高管与企业绩效的关系，发现当外部环境复杂程度变高时，高管的非市场社会资本对企业绩效的正向影响会加强，同时随着外部环境动荡性的提高，高管的市场社会资本对企业绩效的影响也会更加显著。Hernandez 等（2017）对企业家社会资本的研究发现，行业竞争强度会负向调节政治社会资本与企业绩效的关系。邹国庆和董振林（2015）对管理者商业性和政治性社会资本的对比研究发现，商业社会资本对企业创新绩效的提升作用更显著，制度环境的完善程度会正向调节管理者商业社会资本与企业创新绩效的关系，而对政治社会资本与企业创新绩效的关系起负向调节作用。

（2）组织自身因素方面：企业生命周期（Barro，1983）、企业性质（Luo et al.，2004；Lee et al.，2016；陶秋燕和孟猛猛，2017）、吸收能力（Hong & Kwan，2014；侯广辉和张键国，2013）、管理策略（Andrews & Brewer，2014）等会影响社会资本对企业绩效的作用。研究发现处于不同发展阶段的企业，在内外网络以及各个维度上的社会资本存在不同。例如，Henrik 和 Sten 发现，新兴企业的社会资本前三年更多来源于与经销商、顾客等外部实体的直接联系，是一种强联系关系；三年之后企业的社会资本则更多来自间接联系，如客户的客户，是一种典型的弱联系关系。

数据显示，弱联系对新兴企业成长的影响更大。与此同时，Barro 等（1983）发现受关系网络密度和员工离职率的影响，社会资本与企业绩效是倒 U 形关系。随着企业的成长，原有的关系网络将不适合企业的发展要求，企业需要重新调整和建立社会关系网络。董事会内部社会资本与企业增长呈负相关关系，董事会外部社会资本与企业增长呈正相关关系；企业所有权减小了董事会内部社会资本对企业增长的负面影响。客户关系、商业伙伴和管理机构三个方面的社会资本与企业绩效之间的关系受到企业性质（国内/国际企业）的影响。社会资本积极影响买方与供应商之间的知识共享水平，也影响供应商的创新产品开发绩效。此外，高水平的吸收能力和伙伴关系，调节社会资本与知识共享的关系。企业的战略导向会影响社会资本与组织绩效的关系，创新的外向型战略比集中的内向型战略更能增强社会资本与企业绩效间的关系。

（三）社会资本对企业绩效的作用机制研究

从社会资本概念被提出以来，社会资本与企业绩效间的关系一直是管理学领域的热点研究问题。尽管很多学者认为社会资本是企业提升绩效的重要因素之一（Tsai & Ghoshal, 1998; Yli-Renko et al., 2001; Sarel, 2012; Tantardini et al., 2017），但实证研究并没有取得一致性的结论（Veronica & Revilla, 2011）。无论是在企业实践还是在学术研究中，社会资本与企业成长之间并不表现为必然的直接因果关系，这可能主要是因为社会资本与企业绩效之间中介变量的作用。因此，实证研究结论的不一致促使有关"社会资本—企业绩效"关系的实证研究从早期的探讨社会资本对企业绩效是否有影响（直接效应）和社会资本何时对企业绩效有影响（调节效应），逐渐发展到后期的社会资本如何对企业绩效有影响（中介效应）。学者们试图挖掘社会资本与企业绩效间"黑箱"的作用机理，研究社会资本作用企业绩效的中间路径。

在"Web of Science"上对有关"社会资本—企业绩效"关系的实证研究进行检索，共找到相关英文文献 125 篇，同时在中国知网对相关中文文献进行检索和整理，得到中文文献90篇。逐一阅读这些文献，分别提取出文献中所构建的"社会资本—企业绩效"关系中的中介变量，并对中介变量提出的理论依据进行归纳整理，具体归类如表2-5所示。

表2-5 社会资本与企业成长关系中介变量作用机制的文献分类

研究理论视角	中介变量	代表性文献	主要观点
资源基础理论、资源依赖理论	资源获取	秦剑和张玉利（2013）；罗党论和唐清泉（2009）；孙凯（2011）；李振华、赵寒和吴文清（2017）	关系网络是中小微企业获取外部关系的重要渠道，可以弥补单个创业企业资源和能力的不足。中小微企业可以通过积累社会资本，提高对稀缺性资源的获取，从而提高创新能力
	资源交换和资源整合（Resource Change and Combination）	Tsai 和 Ghoshal（1998）；孙善林、彭灿和杨红（2017）	社会资本结构维度（社会联系）、关系维度（信任）有利于资源交换和整合，进而促进产品创新；外部社会资本有利于获取外部资源，内部社会资本则有利于内外部资源的整合
知识基础理论	知识获取	Lee 和 Young-Chan（2007）；Kim 等（2013）；张方华（2006）、范钧（2011）、熊捷和孙道银（2017）	社会资本三个维度对知识获取具有显著影响，结构维度和认知维度尤其可以增进企业对客户知识的获取，认知性社会资本对员工知识获取影响最大，关系社会资本对员工知识赠与影响最大
	知识转移	Tsai 和 Ghoshal（1998）；Martinez-Canas（2012）；Bstieler（2015）；Maurer 等（2011）；Yang 等（2011）；Yokakul 等（2011）；宋方煜（2012）；韦影（2015）	企业通过与外部企业的合作，促进知识在企业间的转移，从而提高企业的创新水平和创新绩效
	知识管理	Akhavan 和 Mahdi Hosseini（2015）；魏亚平等（2013）；刘学元等（2016）	从知识管理的过程看，知识获取、知识吸收、知识创造、知识应用中介了社会资本与企业绩效、创新绩效

续表

研究理论视角	中介变量	代表性文献	主要观点
组织学习理论	组织学习（探索式学习与利用式学习）	Vanneste 和 Puranam（2010）；徐蕾、魏江和石俊娜（2013）；Yoon 和 Heon-Deok（2016）；Jian 和 Zhou（2015）	组织学习中介了社会资本与企业绩效之间的关系；外部社会资本有利于探索式学习，内部社会资本有利于利用式学习
	失败学习	查成伟等（2015）；唐朝永、陈万明和彭灿（2014）	失败学习在外部结构资本与突破性创新之间起中介作用；失败学习在外部关系资本与突破性创新之间起中介作用
动态能力理论	动态能力	Wu（2007）；谭云清等（2013）；杜丹丽（2015）；曾萍（2013）	社会资本有利于组织形成动态能力优势，从而有利于组织的成长

资料来源：笔者整理所得。

目前，学者们纷纷基于资源依赖理论、资源基础理论、组织学习理论、知识基础理论、动态能力理论等理论，引入资源获取、组织学习、知识转移、知识共享、动态能力等中介变量（见图2-2），探索中介变量作用于社会资本与企业绩效间关系的机制，发现这些变量在社会资本影响企业绩效的过程中起部分或完全中介作用。在挖掘社会资本与企业绩效之间关系的中介机制时，我们发现所有中介变量的选择遵循了企业获取和整合资源，通过学习机制、知识管理机制将各种资源转化为企业能力，最终提高企业的绩效，实现企业成长的规律。

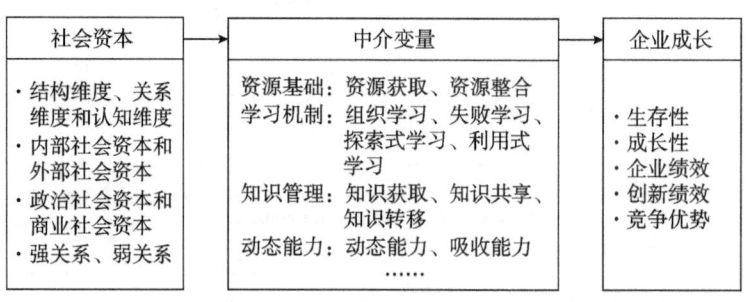

图2-2 企业社会资本与企业绩效关系中的中介变量

1. 基于资源基础的研究

根据资源基础理论，企业的竞争实力和经营绩效将取决于企业拥有的稀有、独特、难以模仿的资源。但是企业不会拥有所有资源，为了获取更多的资源，企业与其他主体会建立社会网络。中小微企业通过嵌入其社会关系网络，获得结构维度的社会资本优势，进而获取异质性资源。因此，资源获取是中小微企业利用社会资本提高进而获得成长的关键机制。创业者的社会关系越广泛、异质性伙伴越多，越能获取充裕的资源。企业的社会资本会提高其资源获取能力，进而有利于企业的成长。资源获取是学者们较早发现可以用来探索社会资本与企业绩效之间关系的一条路径，有关资源的获取及其整合作为中介变量受到了学者们的广泛关注，并取得了宝贵的研究成果。例如，Tsai 和 Ghoshal 早在 1998 年就对电子制造企业价值创造的内部机制进行了研究，发现社会资本的结构维度（社会联系）、关系维度（信任）有利于资源交换和整合，进而可促进产品创新，而认知维度（共享愿景）对企业的资源交换和整合没有直接的促进作用，但是会通过关系维度对企业的资源整合起到间接促进作用。因此，他们建议企业应该重视对关系网络的构建和维系，以获得稀缺或异质性资源的优势。秦剑和张玉利（2013）更是对处于筹备阶段和初步进入运营阶段的中小微企业获取资金、原材料、客户等资源的途径进行了详细的对比分析，研究发现对于处于筹备阶段的中小微企业而言，关系社会资本可以帮助其获得银行贷款，结构社会资本有利于其获得筹集投资；对于已经处于运营状态的中小微企业，关系社会资本有利于企业获得资金，也有利于创业者与银行建立良好关系。结构社会资本能帮助企业获得风险投资资金支持，可以帮助企业招揽更多的客户，战胜其他竞争对手。认知社会资本的主要作用是有利于中小微企业获取所需的原材料，还可以帮助企业跟踪技术的发展前沿，有利于其利用技术创新获得更多的价值优势。相比筹备期的企业，社会资本对运营阶段企业获取资源的驱动效应更大。孙凯（2011）对孵化器内的在孵企业的研究显示，资源获取在在孵企业社会资本与技术创新绩效间起到中介传递作用；纵向社会资本有利于企业获取信息、知识和资金资源，横向社会资本更有利于企业获取信息和知识资源。李振华、赵寒和吴文清（2017）也指出在孵企业的关系网络是其获取外部关系的重要渠道，可以弥补单个创业企业资源和能力的不足；在孵企业可以通过积累关系社会资本，提高对稀缺性资源的获取度，从而提高创新能力。孙善林、彭灿和杨红（2017）从内外社会资本的视角，发现企业高管团队的外部社会资本有利于其获取外部资源，内部社会资本则有利于其进行内外部资源的整合，资源获取和资源整合完全中介了高管团队内、外部社会资本与企业开放式创新能力之间的关系。此外，学者们还从内部社会资本视角研究了外部资源在企业内部与现有资源的整合，进而促进企业成长。Tsai 和 Ghoshal（1998）提出组织内部成员的紧密互动有助于信任关系的建立，可优化组织部门间的资源交换并有效促进企业的成长。

2. 基于知识管理的研究

知识管理作为社会资本与企业绩效之间的中介变量得到了很多学者的关注，并取得了一系列研究成果。最初的研究侧重于研究知识管理的某一过程作为单一中介变量的作用。

（1）从知识获取的角度。Lee 和 Young（2007）、Kim（2013）、张方华（2006）、范钧（2011）、熊捷和孙道银（2017）探讨了社会资本对企业获取知识的作用机制。研究发现社会资本可以积极影响组织获取知识的能力（Lee，2007），特别是可以增进企业对客户知识的获取。企业通过搭建与客户的信任环境（范钧，2011），可以有效获取客户知识并提升创新绩效。社会资本的不同维度对知识获取的作用也不同，社会资本对知识获取具有显著影响（张方华，2006），结构维度和认知维度可以增进企业对客户知识的获取（范钧，2011），认知社会资本对员工知识获取影响最大，关系社会资本对员工知识赠与影响最大（Kim et al.，2013）。熊捷和孙道银（2017）针对 151 家北京地区知识密集型高新技术企业的研究显示，关系数量、关系强度和共享目标与显性技术知识获取正相关；关系强度、信任和共享目标与隐性技术知识获取正相关；隐性技术知识获取与产品创新绩效正相关，但显性技术知识获取与产品创新绩效负相关。

（2）已有研究以知识转移的角度从企业和团队两个层次，分别研究知识转移在企业外部和内部的转移机制。企业层面，社会资本丰富度高的企业通过与外部企业建立良好的互动关系，有利于获取外部知识，通过企业内部吸收、消化及应用进而提高企业绩效（Tsai & Ghoshal，1998；Indre et al.，2011；Martinez，2012）。Tsai 和 Ghoshal（1998）的研究显示，社会资本的结构、认知和关系维度都对知识转移有直接或间接影响，且知识转移在社会资本与产品创新绩效之间起中介作用。Yokakul 等（2011）针对 159 家食品公司的研究显示，社会资本是扩大中小微企业获取知识来源的主要因素。Yang 等（2011）对企业销售中心的研究显示，销售中心业绩受其内部和外部社会资本的影响，社会资本通过促进销售中心内部和外部的知识转移和吸收来影响销售中心绩效。团队层面，团队社会资本是企业社会资本的一个组成部分，是团队成员通过其所嵌入的社会关系获得的能帮助团队实现目标的资源。团队是企业内部知识创造和创新的主体，团队与外部实体之间良好的社会联系，可以帮助团队获取发展所需的信息和知识（Chen，2008）。团队内部的紧密凝聚，可以提高团队的合作能力，增进知识在团队内部的分享和转移，有利于知识创造（Inder et al.，2011；柯江林和孙健敏，2007），从而提高企业整体的创新绩效和经营业绩。柯江林和孙健敏（2007）以知识转移（知识分享、知识整合）为中介变量，对企业研发团队社会资本与团队效能的关系进行了研究。研究结果显示，弱联结、高度信任且网络结构松散的外部社会资本能帮助团队获得外部实体的显性知识，而强联结、紧密联系的内部社会资本有利于团队成员间隐性知识的分享和再创造。

随着研究的深入，学者们发现单纯探讨知识管理的某一过程对社会资本与企业绩效关系的中介效应是不够的，于是开始对知识管理的整个过程加以分析。例如，魏亚平等（2013）从知识获取、知识吸收、知识创造的过程探讨企业内外部社会资本对其技术创新能力的影响。侍文庚和蒋天颖（2012）从知识转移、知识共享、知识整合、知识创造的知识管理角度，发现社会资本对企业生产、研发、市场开拓、战略管理能力的提升起作用。刘学元等（2016）以知识获取、知识同化、知识应用为中介验证了关系强度对企业创新绩效的正向影响。

3. 基于学习机制的研究

积累社会资本是企业获取知识的有效途径，社会资本作用于创新主要通过构建学习网络和累积学习效应来实现。组织学习理论被很多学者应用到社会资本与企业绩效的中介效应研究中，认为企业社会资本为组织学习提供了内在的实现路径和有效的动力机制，进而有利于企业的发展和成长。社会资本在寻求国际增长的新兴企业发展中发挥作用，网络学习在新兴企业依靠社会资本实现国际增长的过程中起着至关重要的作用。以网络、信任和规范为代表的高水平社会资本会有利于集群内企业业绩的提升，而组织学习对社会资本与企业绩效之间的关系起部分中介作用。随着研究的深入，学者们开始进一步探讨不同的学习方式（如探索式学习和利用式学习、失败学习与成功学习）在企业社会资本与绩效之间的不同作用机制。例如，徐蕾、魏江和石俊娜（2013）以浙江省集群企业为研究对象，探讨集群域内和域外社会资本分别通过利用式学习和探索式学习对企业突破式创新产生的不同作用。他们发现集群企业的域内社会资本有利于利用式学习，域外社会资本有利于探索式学习，但是只有探索式学习有利于突破式创新，利用式学习与突破式创新是负相关的关系。集群域外丰富的社会关系网络为企业积累了丰富的社会资本，扩展了企业的合作交流空间，有利于企业加入更广泛的学习网络，学习获取到丰厚的异质性知识资源。集群域内的企业有相同或相似的社会背景和文化特征，更易于形成紧密的企业间合作与交流关系，信任度更高，非常有利于对企业已有知识的深入挖掘和应用，但是不足以支撑新知识的拓展。Madsen等（2010）在对火箭发射产业的研究中，提出了失败学习的重要性。他们将失败学习定义为组织通过对内外部经验进行反思，并调整组织行为来降低类似失败的过程。他们的研究发现失败学习更有利于组织绩效的提升。唐朝永和陈万明（2014）进一步研究的结果也显示社会资本能显著促进团队进行失败学习，进而显著提升团队的创新绩效。

4. 基于动态能力的研究

动态能力是指企业根据外部环境的变化对企业的资源及能力进行配置、重新整合的一种能力，该能力能够有效整合企业内外部资源，有助于企业建立持续的竞争优势。而企业社会资本的重要价值在于为企业提供了来自组织内外的资源，因此基于社会资本—动态能力—企业绩效的研究路径成为学者们探索社会资本影响企业成长的一条重要通道。企业家的社会资本越丰富，企业的动态能力就越强。谭云清等（2013）对服务外包业务中的国际接包组织进行了研究，发现企业结构、关系、认知三个维度的社会资本能够通过提高动态能力进而提升接包企业的创新绩效，而动态能力在社会资本与企业创新绩效的关系中起部分中介作用。

5. 基于其他变量的研究

除以上四个主要的中介变量外，国内外学者还对其他的中介变量要素进行了探索研究。引入的其他中介变量包括智力资本（Jangkeumseong，2011）、人力资本（Cabello et al.，2011）、技术因素、组织承诺（Emhan et al.，2016）、技术不确定性（Geld，2016）、创业导向（马淑文，2011）、价值创造（王国红、周建林和邢蕊，2015）、吸收能力（王国顺和杨昆，2011）、战略决策质量（郭立新和陈传明，2011）等。

引入中介变量探讨社会资本与企业成长关系的代表性文献如表2-6所示。

表2-6 社会资本与企业成长关系代表性文献

研究者（年份）	中介或调节变量	主要研究结论
Tsai 和 Ghoshal（1998）	资源交换和整合（Resource Change and Combination）	社会资本结构维度（社会联系）、关系维度（信任）有利于资源交换和整合，进而促进产品创新
秦剑和张玉利（2013）	资源获取	社会资本的各个维度对处于筹备和运营阶段的中小微企业起到不同的作用；社会资本对运营阶段中小微企业的资源驱动效应作用更大

续表

研究者（年份）	中介或调节变量	主要研究结论
罗党论和唐清泉（2009）	政治资源获取	有政治关系社会资本的民营企业更容易获得政府的支持，获得政府补贴的金额更多，更容易进入政府管制行业
孙凯（2011）	信息资源获取、知识资源获取、资金资源获取	在孵企业纵向社会资本有利于其获取信息、知识和资金资源；横向社会资本有利于其获取信息、知识资源；而信息、知识和资金资源的获取有利于企业提高技术创新绩效
孙善林、彭灿和杨红（2017）	资源获取、资源整合	企业高管团队的外部社会资本对企业外部资源获取有显著正向影响；高管团队的内部社会资本有利于企业进行内外部资源的整合；资源获取和资源整合在高管团队内、外部社会资本与企业开放式创新能力之间起完全中介的作用
李振华、赵寒和吴文清（2017）	资源获取	孵化网络可以为中小微企业提供获取外部关系的集成平台，以提高单个企业获取资源的能力。在孵企业关系社会资本与资源获取和创新绩效均正相关，且资源获取在关系社会资本与创新绩效之间发挥部分中介效应
Lee 和 Young（2007）	知识获取（Knowledge Acquisition）	对143家不同行业企业的调查结果显示，社会资本可以积极影响组织获取知识的能力，并帮助企业实现持续的卓越绩效
Kim 等（2013）	知识获取（Knowledge Collecting/Knowledge Donating）	基于14家服务企业286份员工调查问卷的实证研究发现，结构社会资本、关系社会资本和认知社会资本影响知识获取，进而影响组织绩效；认知社会资本对员工知识获取影响最大，关系社会资本对员工知识赠与影响最大
张方华（2006）	知识获取	以BP神经网络模型为基础，研究210家知识型企业的成长情况，发现社会资本对知识获取具有显著影响，进而促进企业的成长

续表

研究者（年份）	中介或调节变量	主要研究结论
范钧（2011）	知识获取	以浙江软件业中小微企业为研究对象，发现社会资本的结构和认知维度可以增进企业对客户知识的获取，对中小微企业创新绩效有显著正向影响。企业应创建与客户的信任环境，以有效获取客户知识并提升创新绩效
熊捷和孙道银（2017）	技术知识获取	关系数量、关系强度和共享目标与显性技术知识获取正相关；关系强度、信任和共享目标与隐性技术知识获取正相关；隐性技术知识获取与产品创新绩效正相关，但显性技术知识获取与产品创新绩效负相关
Maurer 等（2011）	知识转移（Knowledge Transfer）	知识转移（被定义为动员、同化和使用知识资源）中介了组织内部社会资本和组织绩效间的关系
Yang 等（2011）	知识转移（Knowledge Transfer）	销售中心业绩受其内部和外部社会资本的影响。社会资本通过促进销售中心内部和外部的知识转移和吸收来影响销售中心绩效
Yokakul 等（2011）	知识转移（Knowledge Transfer）	针对159家食品公司的研究显示，社会资本是扩大中小微企业获取知识来源的主要因素
Martinez（2012）	知识转移（Knowledge Transfer）	知识转移对社会资本和企业创新间的关系起中介作用，企业层次的社会资本与知识转移和创新正相关
宋方煜（2012）	知识转移	社会资本的三个维度对企业知识转移、创新绩效均有显著促进作用，知识转移对社会资本与企业创新绩效的关系起中介作用。建立、维护并运用社会资本，有利于企业间知识技术资源的转移，有利于企业创新绩效的提升

续表

研究者（年份）	中介或调节变量	主要研究结论
柯江林和孙健敏（2007）	知识分享、知识整合	以知识分享、知识整合为中介变量，构建企业研发团队社会资本与团队效能的关系。以互动强度、网络密度、同事和主管信任、共同语言与共同愿景测量团队社会资本的三个维度，结果显示知识分享与知识整合在团队社会资本与团队效能关系中起完全中介作用
陈建勋、朱蓉和吴隆增（2008）	知识创造	以北京和广州的133家企业为研究样本，发现内部社会资本与技术创新正相关，知识创造对社会资本与技术创新的关系起中介作用
Zhang 等（2017）	知识管理（Knowledge Acquisition/Knowledge Combination）	企业与供应商的社会资本对经营业绩的影响部分由知识获取和知识组合调节
刘学元等（2016）	知识获取、知识同化、知识应用	以知识获取、知识同化、知识应用为中介验证了关系强度对企业创新绩效的正向影响
Prashantham 等（2010）	网络学习（Network Learning）	探讨了社会资本在寻求国际增长的新兴企业发展中的作用，并发现网络学习在新兴企业依靠社会资本实现国际增长的过程中起着至关重要的作用
Vanneste 和 Puranam（2010）	学习效应	学习效应对组织社会资本与企业绩效的关系起中介作用
Jian 和 Zhou（2015）	组织学习	组织学习在企业社会资本、市场导向和服务创新绩效之间起中介作用
Yoon 和 Heon（2016）	组织学习（organizational learning）	以网络、信任和规范为代表的高水平的社会资本对中小微企业集群的企业业绩产生了积极的影响。此外，组织学习对社会资本与企业绩效之间的关系起部分中介作用

续表

研究者（年份）	中介或调节变量	主要研究结论
查成伟、陈万明和彭灿（2015）	失败学习	在开放式创新背景下，社会资本嵌入不断升高，企业对内外部经验进行反思、对失败经验进行学习更有利于企业创新
唐朝永和陈万明（2014）	失败学习	社会资本有利于科研团队创新绩效提升，并显著促进了失败学习的开展，同时，失败学习也显著提升了科研团队创新绩效，并在社会资本和科研团队创新绩效之间起显著的部分中介作用
徐蕾、魏江和石俊娜（2013）	利用式学习、探索式学习	集群企业的域内社会资本有利于利用式学习，域外社会资本有利于探索式学习，探索式学习有利于突破式创新，而利用式学习与突破式创新负相关
Wu（2007）	动态能力	企业家的社会资本越丰富，企业的动态能力就越强
谭云清等（2013）	动态能力	企业社会资本的结构、关系、认知三个维度能够通过提高动态能力进而提升接包企业的创新绩效，而动态能力在社会资本与创新绩效中起部分中介作用
贺远琼和田志龙（2008）	环境复杂性、环境动荡性	当外部环境复杂程度变高时，高管的非市场社会资本对企业绩效的正向影响会得到加强，同时随着外部环境动荡性的提高，高管的市场社会资本对企业绩效的影响也会更加显著
Luo 等（2004）	企业性质	基于262家企业的调研数据显示，客户关系、商业伙伴和管理机构三个方面的社会资本与企业绩效之间的关系受到企业性质（国内、国际企业）的影响

续表

研究者（年份）	中介或调节变量	主要研究结论
Lee 等（2016）	企业所有权（Ownership）	董事会内部社会资本与企业增长呈负相关关系，董事会外部社会资本与企业增长呈正相关关系；企业所有权会减轻董事会内部社会资本对企业增长的负面影响
Moses（2007）	战略导向（Strategic Orientation）	与其他公司高管人员、政府官员和社区领导的良好社会联系会提高组织绩效，而企业的战略导向（低成本策略、差异化战略、整合战略）会调节社会资本与组织绩效的关系
Hernandez 等（2017）	行业竞争强度（Competitive Intensity）、创业经验（Entrepreneur's Experience）	竞争强度负向调节政治社会资本与企业绩效之间的关系，创业者的创业经验正向调节技术和政治社会资本与企业绩效之间的关系
Dai 等（2015）	服务创新（Service Innovation）、企业冒险（Corporate Venturing）	服务创新和企业冒险增强社会资本与财务绩效之间的关系
Hong 等（2014）	吸收能力（Absorptive Capacity）、伙伴关系（Partnership）	社会资本积极影响买方与供应商之间的知识共享水平，知识共享也影响供应商的创新产品开发绩效。此外，高水平的吸收能力和伙伴关系，调节社会资本与知识共享之间的关系
Andrews 等（2013）	管理能力（Management Capacity）	社会资本与更高绩效的公共服务相关联，强大的管理能力增强了其积极的效果
Pirolo 等（2010）		分析了初创企业和主要客户之间社会资本（强、弱联结）对创业绩效和创新任务绩效的影响；结果显示不同社会资本配置会对初创企业的业绩增长有影响，而这种影响取决于企业对任务绩效的度量方式

资料来源：笔者整理所得。

四、企业社会资本研究述评

整合企业内外部新资源和现有资源的能力是影响企业发展的关键因素之一（Katila & Ajuha，2002）。社会资本，作为一种通过社会关系网络获得的资源，在创业领域获得了重视。社会资本被视为企业成长的一种重要资源（Subra & Lau，2008）。尽管社会资本是企业获取和交换资源的重要来源，但已有研究却较少关注企业是如何使用和整合社会资本以促进企业成长的。同时，虽然有关社会资本的研究较多，但关注中小微企业社会资本的却较少。针对中国当今经济环境中"重关系，低信任"的特殊情境，考察社会资本不同维度对中小微企业知识管理和企业成长的影响存在重要的现实意义。

第三节　知识管理

运用 CiteSpace 软件，以 1998~2018 年 CSSCI 来源期刊上发表的 1615 篇关于企业知识管理的文献为样本，对样本数据进行筛选、转换和整理。从多个角度，采取定量和定性相结合的方法，对知识管理的发展过程进行分析，并在此基础上发掘知识管理的研究热点及演进趋势，为未来研究走向提供科学参考。

一、数据来源与研究方法

（一）数据来源

为对知识管理研究的进展进行分析，本书从 CSSCI 来源期刊中选择样本数据，研究样本的发文时间从 1998 年开始，到 2018 年结束。文档搜索的方法是将"主题"作为搜索范围,将"知识管理"和"企业"作为关键词搜索文档,并排除不相关的文档,共获得1615个样本文档。

(二)研究方法

运用文献计量分析中的关键词进行共现分析和突现分析。关键词共现分析原理是统计同一组关键词在同一文献中出现的次数,据此研究某领域的发展态势。共现分析中,同一组关键词出现频率越高,说明相关度越高,其反映主题被研究者关注得越多,据此可判断研究热点。突现分析是统计文献中骤增的关键词,研究突现关键词及骤增时间,通过时间轴发现、预测研究演进趋势。

二、研究基本情况

(一)研究进程分析

从检索结果来看,1998~2018年,有关企业知识管理的论文共计1615篇,整体上呈现正态分布趋势(见图2-3)。由图2-3可知,企业知识管理研究文献的发展明显具有阶段性特征,可以2005年、2006年、2009年为界,划分为四个阶段。具体来讲,第一阶段为1998~2005年,此阶段呈现平稳上升态势,年均发表期刊论文68篇;第二阶段为2006年,企业知识管理相关研究论文发表数量有所下降,年均发表期刊论文103篇;第三阶段为2007~2009年,此阶段相关论文发表数量增多,增速加快,发表期刊论文153篇;第四阶段为2010~2018年,这一阶段企业知识管理的研究已经成熟,相关的论文发表数量逐年减少,年均发表期刊论文57篇。

(二)文献刊物的分布

本书检索的与知识管理相关的CSSCI来源期刊共有446种,核心区分布有12种期刊,分别为《情报杂志》《情报科学》《科技进步与对策》

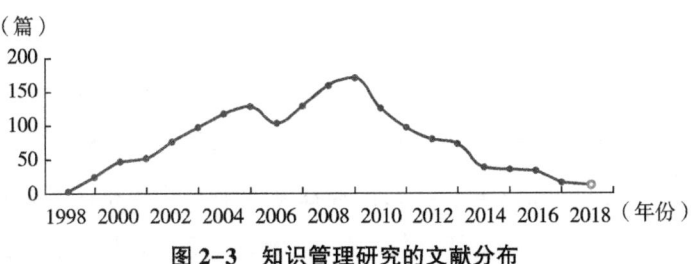

图2-3 知识管理研究的文献分布

《科技管理研究》《图书情报工作》《情报理论与实践》《科学学与科学技术管理》《科研管理》《研究与发展管理》《生产力研究》《情报资料工作》《科学管理研究》。这12种期刊有关企业知识管理的论文刊载量占所搜索的总刊载量的47.9%,刊载文献总计874篇。由此可知,这12种期刊为关注企业知识管理研究的核心刊物(见表2-7)。其中,发文量最多的是《情报杂志》,共发文193篇,成为知识管理领域的研究前沿。《情报科学》发文139篇,成为发文量第二的期刊。情报学类期刊发表的企业知识管理研究文献约占该类文献总刊载量的20%。

表2-7 1998~2018年CSSCI来源期刊知识管理领域的期刊(前12名)

期刊名称	文献数目(篇)	占比(%)	期刊名称	文献数目(篇)	占比(%)
《情报杂志》	193	11.95	《科学学与科学技术管理》	44	2.72
《情报科学》	139	8.61	《科研管理》	32	1.98
《科技进步与对策》	122	7.55	《研究与发展管理》	19	1.18
《科技管理研究》	114	7.06	《科学管理研究》	18	1.11
《图书情报工作》	101	6.25	《生产力研究》	13	0.80
《情报理论与实践》	68	4.21	《情报资料工作》	11	0.68

除了上述12种期刊,还有842篇论文刊载在其他期刊上(每种期刊的论文刊载量低于5篇)。对比研究其他期刊,表明知识管理研究还涉及农业、医药以及工程科技等期刊,说明知识管理受到多学科的关注,知识管

理和多种学科交叉融合。

(三)作者的分布

发表知识管理相关论文的第一作者的分布情况如图2-4所示。通过表2-8可知,1998~2018年,在知识管理领域中,储节旺共发表有关知识管理文献21篇,占相关文献总数目的1.30%。其余学者的发文数量占比均在1%之下,其中张建华的发文数量占比为0.93%,郭东强的发文数量占比为0.68%,他们也是知识管理研究的重要学者。

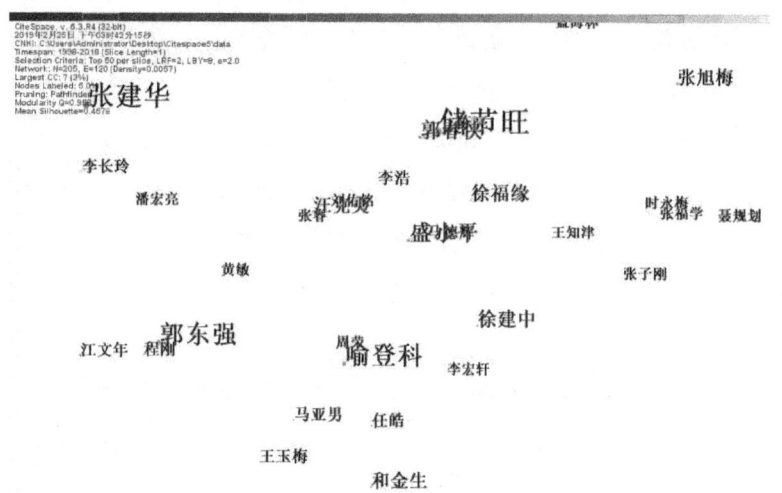

图2-4 知识管理研究论文作者共引分析

表2-8 1998~2018年知识管理领域第一作者发文数量占比

作者姓名	文献数目（篇）	占比（%）	作者姓名	文献数目（篇）	占比（%）
储节旺	21	1.30	郭春霞	7	0.43
张建华	15	0.93	徐建中	6	0.37
郭东强	11	0.68	徐福缘	6	0.37
喻登科	11	0.68	张旭梅	5	0.31
盛小平	9	0.56	汪克夷	5	0.31
和金生	5	0.31			

(四) 发文机构分布

对文献发文机构进行合作网络分析,得到图 2-5。从合作强度来看,图 2-5 展现了以哈尔滨工程大学为核心包含吉林大学、武汉大学、西安交通大学以及北京大学等科研机构的合作网络关系,说明知识管理研究基本形成了较为广泛、紧密的学术合作网络。通过表 2-9 可知,发文机构中,武汉大学共发文 89 篇,成为知识管理研究最重要的机构。此外,浙江大学、南京大学、天津大学也对该研究的发展发挥了很大的作用。

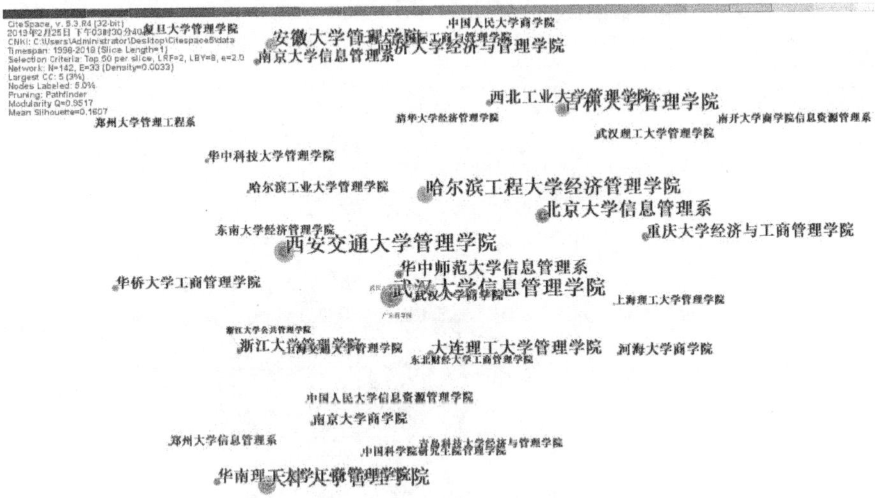

图 2-5 知识管理研究论文发文机构共引分析

表 2-9 1998~2018 年知识管理领域机构发文数量占比

机构名称	文献数目(篇)	占比(%)	机构名称	文献数目(篇)	占比(%)
武汉大学	89	5.51	南京大学	30	1.86
西安交通大学	59	3.65	哈尔滨工程大学	26	1.61
吉林大学	52	3.22	大连理工大学	26	1.61
浙江大学	47	2.91	天津大学	20	1.24
华南理工大学	35	2.17	安徽大学	16	0.99

(五）高频关键词分析

本书运用 Cite Space 软件，利用关键词共现分析 1998~2018 年发表在 CSSCI 来源期刊上的 1615 篇论文。所选择的分析项目包括标题、摘要、关键等。使用探路者算法，将阈值设定为（2，2，20），（4，3，20），（4，3，20），所述高频率词汇设置为 50，获得如图 2-6 所示的知识管理研究热点知识图谱。

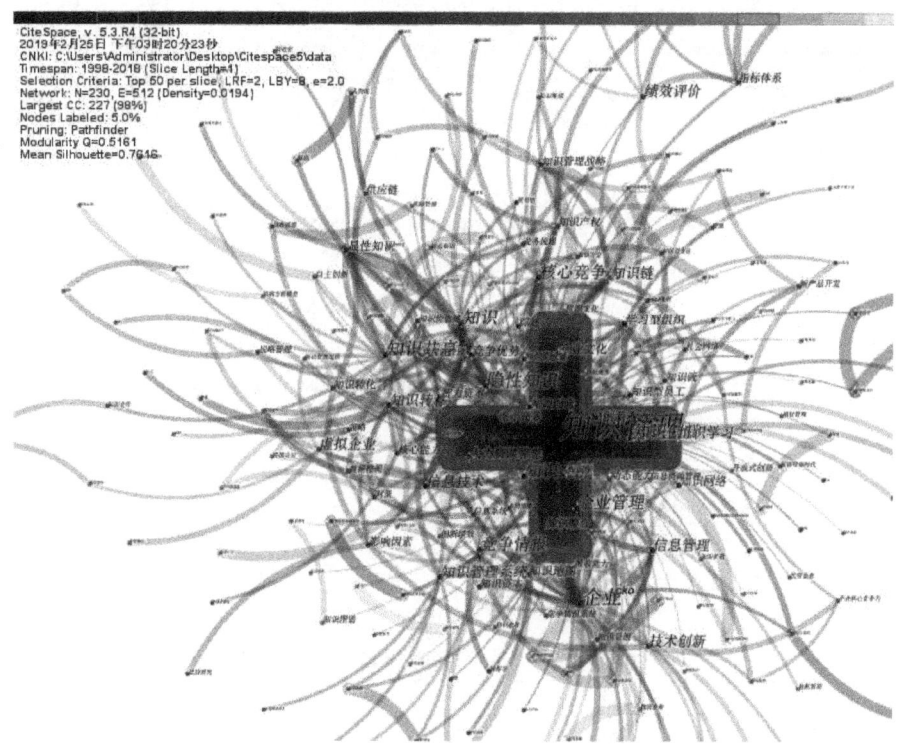

图 2-6 知识管理研究热点知识图谱

图 2-6 中的主题词越大，表明该主题词出现的频数越高。从图 2-6 可知，知识管理出现的频数最高，为 1582 次。此外，高频词汇还包括企业、知识共享、隐性知识、知识、知识创新、知识经济、企业管理、竞争情报、核心竞争力、组织学习、知识管理系统等。其中，知识共享出现的频

数为 71 次，且自"开放式创新"提出以来，出现频率增长显著。由此可见，知识共享越来越受到学界的重视。出现在高频词中的组织学习是知识管理重要的前因变量，而核心竞争力是知识管理的结果变量。

通过考察高频主题词之间的关系可以发现，知识共享、组织学习会影响企业的知识创新；隐性知识是企业获取竞争情报的主要材料，而时效性高的竞争情报为管理系统提供了知识源泉。21 世纪是知识经济的时代，企业之间的竞争取决于知识创新的速度与幅度，而企业完善的知识管理系统为知识创新提供了重要的保障。由此可见，各个热点主题词并不是孤立存在与发展的，它们之间是一种相互关联、互相影响的联结关系。

三、知识管理主要研究的内容

（一）知识管理过程研究

通过阅读知识管理的相关文献，可以发现不少文献是基于知识管理过程研究的，主要包括前期的知识获取和流动、中期的知识吸收和共享、后期的知识整合和利用。本节重点介绍知识获取、知识流动以及知识整合三部分内容。

1. 知识获取

创新的本质在于知识的重新组合。根据资源基础理论的观点，企业特有的异质性资源会给企业带来持续的竞争优势。知识作为现代企业独有的一种异质性资源，成为企业获得持续竞争优势的重要来源。知识获取是企业获取知识并转化知识的一个过程。企业在经营和研发的各个环节中，会与外部不同的知识主体发生交流。在不断的交流和融合下，不同知识主体间的知识会发生流动。如果企业拥有知识管理的能力，便可以将知识内化和吸收，使其成为企业自身独特的资源。这些内化的知识将引领企业的创新和成长。

Soo（1999）对 356 家企业进行调研后，将知识获取定义为企业和外部进行交互的过程。企业在与外部相互作用过程中获取的外部知识从不同的角度可以分为不同的类型。根据知识类型，外部知识可以分为外部技术知识和外部市场知识。根据知识来源，王海花（2008）将外部知识分为来自客户、合作者和竞争者的知识。

2. 企业内部知识流动

企业创新的原动力是知识，知识在价值创造过程中具有决定性的作用。知识在企业内的动态移动被称为内部知识流动。通过知识流动，企业内部的知识共享和价值整合得以实现，因而企业内部知识流动是知识管理的基础。以知识的性质来划分，知识流动包括显性知识流动和隐性知识流动。以往的研究发现，隐性知识流动是知识流动的主要部分。知识流动的方式主要包括技术合作、技术扩散、人才流动、知识交流和外国投资。相较于其他任何一种资源流动，企业中知识的流动是最重要的资源流动。知识流动的概念是提斯（Teece）在1977年分析一起跨国公司技术转让的案例时首次提出的。知识流动是知识在不同主体之间传播和处理的机制。我国学者对知识流动的研究起步较晚。王建刚等（2011）认为，知识流动是知识在组织内部和外部经过获取、转化、应用和创新的动态过程。高鹏（2012）认为，影响知识流动的因素主要包括认知、信任、技术、环境等方面。吴绍波（2009）指出，知识的特征、组织的特征和关系的特征会影响知识在组织中的流动。余以胜（2014）的研究表明，知识流动的动因包括内部需求、外部需求和知识特征等方面。

依据知识流动主体意愿的不同，知识流动分为知识溢出和知识转移。知识溢出指的是在主体非自愿的情况下组织间的知识流动，而知识转移指的是主体间在具有协议的情况下自愿发生的知识流动。目前，关于知识流动的研究结论已有很多。知识溢出为企业带来了创新的知识，促进了企业的技术创新。蒋天颖（2013）的研究指出，知识转移可以促进集群企业创新绩效的提升，加快集群企业的发展。

3. 知识整合

企业获取到的初始知识是分散的、碎片化的。企业运用这类知识面临着巨大的困难，只有通过系统化的整合，对其高效地加以运用，才能提升创新绩效。Grant（1996）认为企业动态能力的核心在于对知识的整合。知识整合是指企业运用知识管理机制，将分散的知识整合成系统、对企业有效的知识的过程。知识整合的概念最早由 Clark 在 1990 年提出。此后，学者们以不同视角对知识整合的概念进行了阐述，其中最具代表性的是关系学视角和能力视角。尽管视角不同，但学者们均认为知识整合实质上是离散知识的整合或互补知识的黏合。

对于知识整合的分类，Kevin 根据组织边界的不同，将其划分为内部知识整合和外部知识整合；徐蕾（2014）根据知识的不同类型，将其划分为互补型知识整合和辅助型知识整合。知识整合的实证研究也取得了很多的成果。知识整合有助于 IT 企业减少软件的缺陷和不足。熊焰（2011）指出知识整合有助于知识型团队绩效的提升。梁娟（2019）的实证研究证实了知识整合对集群企业创新绩效具有显著的正向影响。徐蕾（2014）认为，企业知识整合与集群企业创新能力显著正相关。

（二）前因变量

1. 信息技术

信息技术是知识管理重要的前因变量。信息技术在知识管理中具有广泛的应用，可以储存组织中的知识、帮助知识在组织中传播、加快知识的应用。信息技术不仅有助于减少组织沟通的障碍、加快组织中信息交互的速度、提升各部门的相互作用，还可以对通信和协作做出支持。因而，构建完善的企业信息系统和信息技术、搭建完整的企业信息部门、配备高水平的信息技术人员都会对知识管理的质量和效果产生直接的影响。知识创造过程运用了大量的信息技术。信息技术已成为知识管理领域最重要的因素之一。信息技术可分为通信技术和决策辅助技术，其有助于知识管理的有效开展。

信息技术为组织成员提供了一种相互作用的方式，有助于内外部成员形成和强化相互之间的关系。通过信息技术，组织成员之间的距离大大缩短了，知识在组织中传递的速度得到提升。通信技术打破了知识传播过程中原有的时空阻碍，提高了信息的广度和深度。辅助决策技术能帮助企业有效地管理知识，对信息进行重组。

2. 组织结构

组织结构是组织对任务的分工、协调与合作，具体是指反映组织各部分之间排列顺序、空间结构以及相互关系的一种模式。组织结构对于知识管理具有重要的影响。组织结构会影响组织中成员搜集和使用信息的行为。激励员工搜集和掌握信息是组织结构的基础作用。以往的研究表明，集权化和形式化是组织结构两个重要的维度。集权化和形式化对于组织成员的影响存在差异。集权化是指组织的控制权和决定权高度集中于高层领导人。规范化是与集权化相对存在的，指的是组织的运转和最终决定权依靠的是规则和程序。这些规则和程序是影响知识传播的一种重要形式。组织中的集权有助于思想的频繁交流，但也阻碍了分部门间知识的传播和利用。分权意味着权力的赋予，同时也带来了信息的共享，其是有助于组织内部知识分享的重要结构因素。但是，分权也会导致效率低下、运行混乱等一系列问题。组织结构通过集权和分权影响了员工获取知识和利用知识的途径，影响了组织知识管理的开展，成为知识管理重要的前因变量。

3. 组织文化

组织文化是组织中成员共有的特质性价值体系，包括组织的宗旨、使命、核心价值等。组织文化是组织区别于其他组织的重要依据。组织经由多种象征性手段向成员传递价值，经历一个过程后形成组织文化。组织文化首先起源于组织创始人个人的观点，这是创始人在自我实践中形成的个人价值和自我追求。然后通过高管的选择性行动与措施，最后经由社会化形成组织文化。组织文化对成员具有一种非正式的理念控制，是组织成员共有的核心观念。组织结构和文化构成了组织的行为，可以影响和控制组织的行为。组织文化可以通过情境，潜移默化地影响员工自身的判断和认知，从而影响员工的行为。组织文化是知识管理过程中的重要因素，有益的组织文化具有合理的激励机制，可促进知识准确无误地传递和交流。综观成功的企业，必然具有良好的组织文化。通过文化润物无声的影响，组织成员会形成开放的社会化视野，彼此信任，进而促进彼此间知识的交流与互动。

目前，绝大多数学者认为协作、信任和激励机制是组织文化的三个维度，共同的目标、公正的关系和合作是协作的组成部分。在协作的环境中，知识学者会更愿意分享知识。因此，许多企业愿意为员工创造一种协同的工作环境，促进知识在组织内部的流动和分享。信任是一个比较复杂的概念，组织间成员若彼此信任，会为组织共同的目标而努力，有助于组织内知识的交流。无论企业拥有多么好的技术，只要没有信任，这样的企业终将失败。

4. 激励机制

激励制度可以促进知识的传播。作为知识管理过程中重要的结构性功能，激励机制会对知识管理活动产生支持作用。具体来看，激励机制包括物质激励和无形激励，两者都是知识管理活动重要的组成部分。企业可以利用激励机制，促进员工的知识共享。组织为了保持自己的竞争优势，必须拥有激励和惩罚的机制，激励机制是组织文化的结构性因素，它会影响员工的知识创造和知识共享，影响整个企业的知识管理活动。

5. 组织学习

组织学习的概念由 Argyris（1978）提出，认为组织学习本质上是组织的自我调整活动，即组织为了适应新的环境和新的市场，调整组织的信念和作为的一种自我调节活动。目前，对组织学习的研究大致从过程、系统理论、能力和社会等视角展开。知识与学习本身就具有强烈的关系，获取和应用知识就是通过学习来实现的。田长明（2007）认为，知识的积累、传播和应用依赖于学习的过程。已有研究表明，组织学习的过程是不断积累知识和转化知识的动态过程。田长明（2007）通过实证研究证实了组织学习可以促进知识的转化，两者之间存在显著的正相关关系。杜宝苍（2010）将组织学习和知识管理结合在一起研究，通过两者的功能，探讨知识管理和组织学习的关系。

（三）结果变量

1. 企业绩效

知识管理可帮助企业应对挑战，获得持续的竞争优势。在以前的研究中，学者们研究了不同方面的知识管理与企业绩效的关系。证实了知识管理和企业绩效之间存在显著的正相关关系，实施有效知识管理的企业的业绩比其他企业要高。实施知识管理也是一种战略，其内涵是企业通过知识管理系统将知识传送给需要的员工，帮助其应用知识，以促进企业绩效的提升。知识管理对绩效具有显著的正向影响，具体是通过提升企业的创新能力来提升企业的绩效。谢洪明（2003）的调查发现，与同行业其他企业相比，实施高效知识管理的企业，其新产品开发绩效也高，企业的生产效率显著提升。

2. 创新能力

创新能力是知识管理重要的结果变量。企业核心竞争力的一个重要来源就是企业的创新能力。企业进行知识管理，不仅可以提升组织的工作绩效，还能够提升企业的创新能力。知识管理具有不同功能，包括外部化、内部化、认知化和中介化。Carl 和 Frappuolo 指出，知识管理对科技型中小企业的创新能力具有促进作用。我国学者乌家培（1999）的研究显示，企业知识管理活动反映了其生存能力和创新能力。侯贵松（2002）认为，对于科技型小微企业来说，知识管理可以提升其多种能力，包括创新能力、反应能力等。赵光州（2004）指出，企业知识管理的最终目的在于提升创新能力。魏江（2006）指出，企业对知识的有效管理有助于企业技术的扩散和创新，从而提升突破性创新能力。吴迪（2018）认为，企业的知识管理能力对于创新能力具有显著的正向影响。简兆权（2008）指出，知识整合对于创新能力具有显著的正向影响。综合上文学者的观点可以发现，无论是知识管理整体，还是知识管理细化的核心过程，对于创新能力都有促进作用。

3. 核心竞争力

核心竞争力指的是那些为企业带来比较竞争优势的资源或者资源配置的方式。作为一种协调机制，知识管理有助于企业利用现有资源，促进创新绩效的提升和核心竞争力的培育。盛小平（2007）提出企业的核心竞争力和知识管理具有密不可分的关系。知识管理促进企业核心竞争力的形成，而核心竞争力具有知识属性，对知识管理具有积极的反向作用。以上的研究表明，企业的核心竞争力与知识管理水平具有很强的相关关系。从两者作用的机制来看，知识管理通过促进技术创新来影响企业的核心竞争力。

(四) 中介变量

1. 知识管理中介企业创新组织软环境与创新绩效的关系

作为一种软资源，知识需要通过某些组织活动不断补充，才能对公司绩效产生影响。创新是一种有机结构，是组织通过知识互动解决问题的过程。知识管理通过持续的组织学习和专业知识整合来提高组织绩效。提升知识整合能力，动态地整合各方有关的资源，可实现更高的创新绩效。知识共享有利于提高企业的创新能力和创新绩效。组织中的知识整合不仅可以激发员工的创新行为，也可以与新的理念相结合，实现知识的转化和创新。

2. 知识管理中介学习型组织与企业绩效的关系

学习型组织是指为应对复杂和充满竞争的环境而全面开发和利用知识，以提升自我竞争力的组织。以往的研究已经证实了学习型组织对企业绩效的正向影响。学习型组织能够给企业带来持续的竞争优势，为企业带来长远的利益。学习型组织的成员利用各种途径来获取组织长远发展所需要的知识，能提升企业的绩效。学习型组织和知识管理在活动中彼此互补支持，学习型组织是创造和共享知识的组织。结合上文的理论，知识管理是企业绩效的重要前因变量，可以认为知识管理是学习型组织和企业绩效之间的中介变量。

四、企业知识管理研究的演化历程

为了从总体上分析国际研究领域的知识管理研究及演化进程，本书对1998~2018年CSSCI源库的权威期刊发表的1615条文献记录进行共被引分析，通过 Cite Space 软件中提供的 Time-zone 视图来突出显示共被引网络节点随时间变化的结构关系。选择一年为一个时间段，选择期刊排名前 50 位的和每个时间段内被引频率最高的文献。阈值设置为（2，2，20），（4，3，20），（4，3，20），得到了企业知识管理研究领域的共同时区的知识地图，如图 2-7 所示，从图中可知企业知识管理的研究热点和发展脉络。

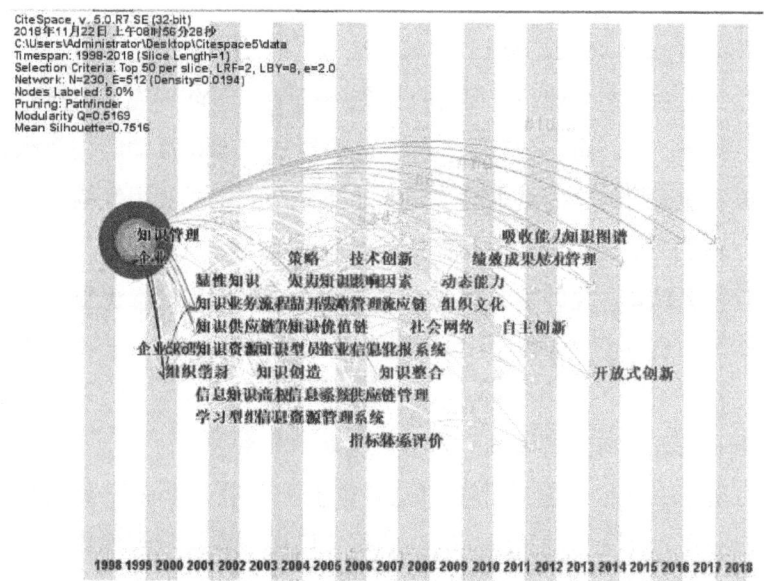

图 2-7 企业知识管理研究共被引时区知识图

由图 2-7 可知，企业知识管理研究大约经历了三个阶段：第一阶段是知识管理相关变量的概念界定，例如显性知识、组织学习等相关变量。第二阶段是知识管理指标评价体系的构建。国内外学者已经开发了诸多可以测量知识管理相关变量的量表。第三阶段是知识管理与创新模式的融合，例如开放式创新与知识管理的结合。当下，企业之间的边界逐渐模糊化、柔性化，开放度也由以前的全封闭转为半封闭，再到现在的完全开放，这更能体现当今时代企业知识管理发展的趋势。所以，未来的研究可以从以下两方面展开：①知识管理与企业发展战略相结合。企业的长期发展在于不断创新，而创新最根本的是知识创新。然而，不同发展阶段的企业所需要的知识不尽相同。所以,明确企业的发展阶段,有针对性地选择各类知识对于企业制定长期的发展战略具有重大的意义。②将激励机制引入知识管理。马斯洛需求层次理论指出,人的行为受需求的驱动。通过引入激励方法,提供诱因,满足研究者的需求,提升开展研究的积极性。

第四节　现有文献研究述评

综上所述,学者们针对企业社会资本、知识管理、成长绩效等进行了深入的探讨,未来的研究应着重关注以下几方面:

一、未来应关注科技型中小微企业社会资本的研究

现有文献已经对大型企业社会资本的作用进行了较为充分的讨论,但对科技型中小微企业社会资本缺少关注性研究。例如,企业社会资本的度量已经比较成熟,通常从结构维度、认知维度和关系维度三方面进行测量。但是该度量维度及开发的量表主要是针对大型企业的,其是否适用于中小微企业社会资本的度量还有待验证。

二、企业社会资本对成长绩效的"黑箱"有待进一步打开,情景因素需要进一步探讨

目前,有关社会资本与企业成长的关系还没有一致性结论。大量研究成果表明,社会资本作为行为主体间知识和信息转移的渠道(杜丹丽,2015;游家兴,2014;Nahapiet & Ghoshal,1998),有利于降低企业搜索和交易信息的成本(鲍盛祥,2014;程聪和谢洪明,2013;王国顺,2011),进而提高企业的创新能力与绩效成果。但是,也有研究指出,社会资本与企业创新之间存在"倒U形"关系(唐方成,2014),过度嵌入对企业绩

效（Uzzi，1997）会产生负面效应，会削弱创新知识对企业创新能力的正面影响。其结论不一致的原因有：第一，已有研究没有打开社会资本与企业绩效之间的"黑箱"；第二，已有研究对社会资本对企业绩效发挥作用的情景因素的探索不够。因此，未来研究还应该结合不同情境探索社会资本对中小微企业成长绩效的影响路径。

第三章

社会资本、知识转移与创新绩效

第一节 研究背景

作为最具创新活力的群体，科技型中小微企业在经济社会发展中具有重要的战略地位。党的二十大报告提出，强化企业科技创新主体地位，发挥科技型骨干企业引领支撑作用，营造有利于科技型中小微企业成长的良好环境，推动创新链产业链资金链人才链深度融合。然而，我国科技型中小微企业长期面临着内生资源不足、高投入、高风险的生存困境。科技型中小微企业"强位弱势"的巨大反差既与其自身成长能力相对较弱有关，也与其外部资源利用不足的成长环境密切相关。目前，越来越多的科技型中小微企业选择通过与其他企业、科研院校、供应商、客户等建立网络伙伴关系来共享知识或共同研发。中小微企业与合作伙伴之间建立起相互协作的关系，在形成的创新网络中实现资源和信息的共享与互补。目前，社会资本的优势已经得到众多科技型中小微企业的认可，但是如何充分利用社会资本来提升自身的创新优势仍然困扰着大多数科技型中小微企业。

关系嵌入视角是一种常用的社会资本研究维度，它通过分析中小微企业嵌入创新网络的关系紧密程度、相互信任度、时间持久度等来判断其知识分享、转移和创造的能力，进而分析关系网络对企业创新能力的影响。现有研究将企业社会资本的程度分为强关系和弱关系两种，强关系是指企业间联系频繁、合作时间长且有紧密感情联结的关系,而弱关系是指企业间不频繁联结、短期合作和松散联结的关系。目前,关于何种关系类型有利于企业间知识转移从而提高企业创新绩效还未形成一致性结论。一种观点是,紧密的网络关系可以加强网络成员间的互动,获取更多的社会资本,能有效促进企业之间知识的获取、吸收和创造。另一种观点是,强关系网络会限制网络的范围,容易造成"关系过度嵌入"问题,不利于新知识的创造和传播。知识基础理论指出,知识可以分为显性知识和隐性知识。两种知识在转移渠道、转移要求、吸收容易程度方面存在明显差异。本书推测,如果关系嵌入特征对显性知识和隐性知识转移的影响存在差异,那么不对中小微企业创新网络中的知识转移进行区分可能是现有研究结果不相同的重要原因。因此,本书先将知识转移分为隐性知识转移和显性知识转移,然后实证检验社会资本对两者的影响是否存在差异,进而深入探索关系网络强弱对中小微企业创新的作用机制。

第二节 理论基础与研究假设

一、社会资本的维度

20世纪70年代,社会资本作为一个与物质资本、人力资本相补充的理论概念被提出,并最先在社会学中进行应用研究。1985年,法国社会学家皮埃尔·布尔迪厄(Pierre Bourdieu)第一次对社会资本的概念进行了明确的界定,他将社会资本定义为"社会资本是个体拥有的潜在或现实的资源集合,这些资源是与个体拥有的关系网络密切相关的"。1988年,Coleman对社会资本也进行了界定,他认为"社会资本是关系结构的一个组成成分,是嵌入在紧密联结且具有行为约束的关系网络中资源的总和"。Granovetter(1992)进一步从嵌入性视角,将社会资本刻画为关系嵌入和结构嵌入两个维度。关系嵌入是指网络伙伴间的互惠程度、关系紧密度和联系频率,结构嵌入是指企业在网络中的位置。Granovetter 对社会资本的二元分类刻画——"关系—结构"成为学术界广泛应用的一种分类方法。因此,本章在 Granovetter 二元分类的基础上,用关系、结构两个维度来分析中小微企业的社会资本。

(1) 结构维度。结构维度是指从网络嵌入的角度,探讨组织的整体网络,包括组织网络的联结形态和组织之间的各种联结。具体可用关系强度、内部联结、网络连带、网络密度、网络结构等联结形式来表示。本章选取关系强度来刻画网络结构。

(2) 关系维度。关系维度是指网络成员通过社会互动建立起来的关系类型,包括信任、规范、认同、义务等形式;关系联结是指中小微企业与其他合作伙伴之间建立的关系网络的联结模式,是企业获取资源和信息的主要渠道。学者研究中常用的刻画企业关系联结的变量包括信任、关系深度、联系频率、关系持久度等。本章选取信任来刻画关系联结。

综上所述,本章选用关系强度、信任来刻画中小微企业的社会资本(李锐,2017)。

二、关系强度与知识转移

创新网络中的强关系是指网络成员间互动频繁、合作时间长、相互服务且有紧密感情联系的关系。由于其具有紧密联结的特点,所以有利于组织成员分享、吸收和利用彼此的知识资源。强关系网络中强烈的情感依附和互惠的期望有助于组织成员分享私人的和有价值的资源,如敏感信息和隐性知识。此外,成员更愿意在知识交流方面投入时间和精力,甚至会愿意无偿地进行知识分享,这促进了组织成员间的深入合作。深入的交流合作会使成员之间建立长期合作的意愿,形成协同发展的愿景,这将进一步促进成员将技术诀窍等隐性知识在合作网络中分享和转化应用。隐性知识因具有隐含性和复杂性,难以进行明确的表述与逻辑说明,所以其传播需要双方具有紧密的关系并相互信任。强关系网络中的组织成员通过长时间的频繁合作，将建立丰富的沟通和交流渠道，形成更为紧密和信任的伙伴关系，为隐性知识的转移和正确应用创造更好的环境。也就是说，强关系会提高成员的知识转移能力，使隐性知识的传递更容易，提高企业的知识创新绩效。因此，提出如下假设：

H1a：关系强度与中小微企业创新网络中的隐性知识转移具有显著的正向影响。

弱关系是指企业间发生频率少、相处时间少、亲密度低、互惠服务少的一种社会关系，具有广泛性、异质性和中介性。弱关系可以帮助中小微企业形成一个允许信息在更大范围内得到广泛传播的信息传递通道，有利于企业跨越其边界去获得更广泛的信息和资源。弱关系利用桥连接或本地桥的作用可以给中小微企业"输送"其以前没有接触到的新知识，或帮助企业接收原本难以获取的信息冗余度低的知识。弱关系网络成员在产业领域、知识结构、经营业务等方面的差异性较大，更能为企业带来新资源、信息和异质性知识。显性知识可以通过语言、文字、图表或符号等形式表达出来，也易于以文档、培训等方式进行传播。因此，显性知识也可以在不紧密的网络结构中进行分享和转移。强关系会因其成员同质性较高而造成资源和信息的冗余，不利于企业获取异质性知识。弱关系反而可以为企业带来异质的、新鲜甚至独特的信息和显性知识。因此，基于以上分析，提出如下假设：

H1b：关系强度对中小微企业创新网络中的显性知识转移具有显著的负向影响。

三、信任与知识转移

信任被定义为对合作伙伴的商誉和能力的积极预期。创新网络中的中小微企业基于对其他成员企业行为的预期，愿意承担对方有损自己的风险与代价。如果企业间不存在信任，就会因为猜疑而减少知识转移的动机，不利于知识的分享和创造。信任会通过各种方式，促进合作双方之间的交流和分享。在基于信任的中小微企业的创新网络关系中，成员为了网络联盟整体的发展，会倾向于在网络内部分享知识资源，包含显性知识和隐性知识。此外，网络成员间彼此信任，不需要担心潜在的声誉受损，会主动寻求更多的信息和技术帮助，从而促进各种知识，特别是隐性知识在企业间的分享和转移。信任会对知识资源的吸收和利用产生积极影响，因为它使互惠成为可能。同时，信任还降低了成员间知识搜索的时间和成本，增加了整个创新网络的知识利用效率。因此，提出如下假设：

H2a：信任对中小微企业创新网络中的隐性知识转移具有显著的正向影响。

H2b：信任对中小微企业创新网络中的显性知识转移具有显著的正向影响。

四、知识转移与创新绩效

已有研究成果显示，知识转移与企业的产品创新和工艺创新都有正相关关系。网络成员的知识共享让企业可以便捷、经济地获取到有用的信息、技术等知识，降低知识获取成本，从而激发企业进一步共享知识的动机。企业间知识转移可以促进现有资源的再分配，有利于专业知识资源的分享和整合，从而触发新产品、新工艺和新流程的创新。企业间隐性知识的分享、转移和应用，可以引导企业产生新的产品或服务创意。在企业拥有较高社会资本时，隐性知识的转移还会促进企业的激进式创新行为。共享显性知识则被认为是企业创新的前提条件，因为创新源于对企业已有显性知识的重新组合。企业间通过显性知识转移，可以分享和交换不同领域的需求，有利于协作式创新活动的展开。因此，提出如下假设：

H3a：中小微企业创新网络中的隐性知识转移对企业的创新绩效具有显著的正向影响。

H3b：中小微企业创新网络中的显性知识转移对企业的创新绩效具有

显著的正向影响。

基于以上的理论分析,本章的研究理论模型如图3-1所示。

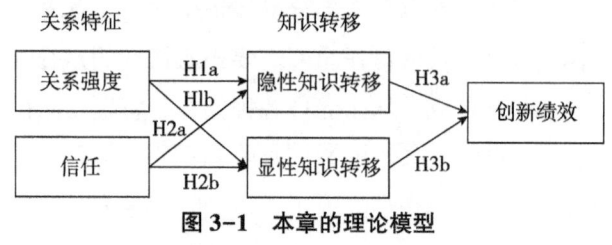

图 3-1 本章的理论模型

第三节 研究设计

一、变量与测量

本章的分析数据来自问卷调查,问卷采用五级李克特量表。

(一) 关系强度的测量

在中小微企业创新网络中,关系强度被认为是企业与其他成员间建立合作关系的重要变量之一。在已有文献中,关系强度的度量多是借鉴社会学的测量方法,以节点间的关系紧密程度来度量。典型代表是 Granovetter 提出以互动的频率、情感的亲密程度、熟识性和互惠性来测量。本章采用潘松挺和蔡宁在 Granovetter 基础上开发的基于企业创新网络的关系强度量表。该量表基于中国的商业文化环境而设计,对我国特殊文化和经济背景之下的网络关系强度的测量更有效。我们从接触时间、投入资源、合作交流范围和互惠性四个方面来度量企业与合作伙伴之间的关系强度。

(二) 信任的测量

在创新网络中,企业与合作伙伴之间的信任是关系嵌入的一个重要维度。相互信任的伙伴关系可以规避机会主义行为，鼓励知识共享和创新。Porter 和 Hackman（1975）将信任定义为"企业相信合作伙伴不会利用我方"。本章借鉴 Hackman、Tsai 和 Ghoshal 的量表，采用三个题项来测量信任，分别是"我们信任合作伙伴，认为对方不会损害我方利益""我们认为合作伙伴会一直信守承诺"和"我们相信合作伙伴的决策能力"。

（三）显性知识和隐性知识转移的测量

显性知识是编码化的，可以通过正规系统方法，如计算机程序、规范的工作程序、客户数据库、公司的规定和政策等手段进行转移的知识。隐性知识是指难以表达、显示化和交流的知识，如技术诀窍、市场提升技巧、管理艺术等。由显性和隐性知识的概念，可以得出两种知识在内容和分享方式上的差异。借鉴 Haua 和 Evangelista 的测量方法，我们采用三个题项来测量显性知识转移，分别是"我们和合作伙伴共享培训文档、学习手册等书面文档""我们和合作伙伴通过公用数据库共享信息和知识""我们和合作伙伴经常召开培训交流会议"；采用三个题项测量隐性知识，分别是"我们和合作伙伴经常交流管理技巧""我们和合作伙伴经常分享技术诀窍""我们和合作伙伴经常共同研发新产品或设计新服务流程"。

（四）创新绩效的测量

创新绩效是对企业创新的效果和效率的综合衡量。常用的创新绩效通常从产品创新、工艺创新两维度进行测量。产品创新通常包括市场成功率、产品改进、新产品开发等方面；工艺创新则包括劳动力成本减少、生产力提高、订单交付时间减少、资源消耗减少等方面。本章借鉴已有研究，通过三个题项来测量，分别是"与同行相比，我公司经常领先推出新产品或新服务""与同行相比，我公司的产品或服务创新获得良好的市场影响""在新产品或服务开发中，我公司的投入产出比同行高"。

（五）控制变量

本章选取成立年限、员工规模和产权性质作为控制变量，来控制其他因素对社会网络、知识转移和创新绩效之间关系的影响。

二、研究样本与数据采集

本章以北京地区的中小微企业为研究对象，依托北京市中小微企业服务中心，在中关村国家自主创新示范园区、北京经济技术开发区开展调研。数据的收集分为三个阶段：第一阶段为企业访谈阶段，访谈15家中小微企业，为设计问卷提供依据；第二阶段为试调研阶段，对50家中小微企业进行调研，根据调研结果对问卷进行修订，并确定最终的调查问卷；第三阶段为正式调查阶段，发放400份问卷，要求填写对象为企业负责人或业务部门负责人，回收问卷350份，其中有效问卷282份。

三、同源误差检验

由于样本数据是通过问卷调查方式取得的，因此需要进行同源误差检验。本章采用Harman单因素检验方法进行样本的同源误差检验。将所有测量题项做探索性因子分析，分析结果显示未旋转的有五个因子，累积解释方差为73.51%，其中第一个因子的析出累积率为29.40%。

四、联合正态分布检验

数据的正态程度可用峰度和偏态来测量，当指标的峰度绝对值在7以内、偏态绝对值在2以内时，说明数据符合单变量正态分布。当多元正态检定值在5以内时，说明数据符合多元正态分布。经检验，本章所有指标的峰度绝对值都低于1.2，偏态绝对值低于0.7，说明数据符合单变量正态分布。但是数据的多元正态检定值为11.083，说明数据不符合多元正态分布，因此后续的数据分析将采用Bootstrap方法，利用其"抽出放回"的方式尽可能获得稳定的结果估计。

第四节 研究结果

一、测量模型

根据 Kline 的二阶段结构模型修正方式进行模型验证,即先检验测量模型,然后进行完整的结构模型评估。本章对每个构念执行了效度分析,采用 AMOS20.0 对调研数据进行验证性因子分析。首先,测量模型的拟合度指标分别为:$\chi^2 = 193.581$,df = 137,$\chi^2/df = 1.413$,p = 0.001,GFI = 0.934,AGFI = 0.909,CFI = 0.977,RMSEA = 0.038。所有拟合指数都处于理想的范围内,说明测量模型的整体拟合度较好。进一步计算每一个构念的 Cronbach's α 系数和组合信度系数(Composite Reliability, CR)。如表 3-1 所示,每个构念的 Cronbach's α 系数和组合信度系数均高于 0.7,表明构念有较好的内部一致性。其次,本章所有题项的标准化因子载荷均在 0.607~0.871,符合 Chin 提出的大于 0.6 的接受标准;潜变量的平均方差萃取量(AVE)的取值区间为 0.535~0.674,均大于建议水平 0.5,表示测量模型有较高的收敛效度。

表 3-1 信度和收敛效度分析

变量	题项	标准化因子载荷	SMC	组合信度（CR）	Cronbach's α	平均方差萃取量（AVE）
关系强度	SI4	0.741	0.549	0.860	0.858	0.608
	SI3	0.871	0.759			
	SI2	0.723	0.523			
	SI1	0.775	0.601			
信任	RS1	0.805	0.648	0.824	0.819	0.610
	RS2	0.829	0.687			
	RS3	0.704	0.496			

续表

变量	题项	标准化因子载荷	SMC	组合信度（CR）	Cronbach's α	平均方差萃取量（AVE）
隐性知识转移	RA1	0.822	0.676	0.861	0.860	0.674
	RA2	0.853	0.728			
	RA3	0.787	0.619			
显性知识转移	EK1	0.607	0.368	0.785	0.772	0.554
	EK2	0.874	0.764			
	EK3	0.728	0.530			
创新绩效	GP1	0.793	0.629	0.775	0.775	0.535
	GP2	0.717	0.514			
	GP3	0.680	0.462			

如表3-2所示，本章中各变量的 AVE 的平方根均大于变量间的相关系数，说明变量间具有良好的区别效度。表3-2中所有变量间的皮尔森相关系数都小于0.65，说明变量间不存在明显的多重共线性问题。

表3-2 相关系数矩阵与平均方差萃取量（AVE）的平方根

	均值	标准差	1	2	3	4	5
1. 关系强度	2.990	1.127	0.780				
2. 信任	3.173	1.149	0.601***	0.781			
3. 隐性知识转移	2.747	1.010	0.401***	0.596***	0.821		
4. 显性知识转移	3.537	0.920	-0.015	0.232***	0.116	0.744	
5. 创新绩效	2.981	0.890	0.293***	0.474***	0.539***	0.264***	0.731

注：*** 表示 p<0.001，** p<0.01，* 表示 p<0.05，对角线值为 AVE 平方根。

二、结构模型

（一）模型拟合度与路径系数

整体模型的拟合度指标分别为：$\chi^2 = 296.054$，$df = 144$，$\chi^2/df = 2.056$， p=0.000，GFI=0.906，AGFI=0.876，CFI=0.937，RMSEA=0.061。模型整体拟合度很好。

模型中的路径检验结果如表3-3所示。

表3-3 假设检验结果

假设	路径			标准化路径系数	S.E.	C.R.	p值	检验结果
H1a	关系强度	→	隐性知识转移	0.139	0.051	2.716	0.007**	通过
H1b	关系强度	→	显性知识转移	-0.099	0.044	-2.244	0.025*	通过
H2a	信任	→	隐性知识转移	0.465	0.063	7.383	0.001***	通过
H2b	信任	→	显性知识转移	0.163	0.049	3.339	0.001***	通过
H3a	隐性知识转移	→	创新绩效	0.458	0.066	6.980	0.001***	通过
H3b	显性知识转移	→	创新绩效	0.219	0.070	3.124	0.002**	通过

注：*** 表示 p<0.001，** 表示 p<0.01，* 表示 p<0.05。

从拟合与检验结果可知，关系强度与中小微企业创新网络中的隐性知识转移的路径系数为0.139，p<0.01，说明关系强度对隐性知识转移具有显著的正向影响，H1a通过验证；关系强度与中小微企业创新网络中的显性知识转移的路径系数为-0.099，p<0.05，说明关系强度对显性知识转移具有显著的负向影响，假设H1b得到支持；信任对中小微企业创新网络中的隐性知识和显性知识转移的路径系数分别为0.465和0.163，p<0.001，说明信任对隐性知识和显性知识转移均具有显著的正向作用，H2a和H2b通过验证；隐性知识转移与创新绩效的路径系数为0.458，p<0.001，说明隐性知识转移对企业创新绩效的正向提高效果显著，H3a通过验证；显性知识转移与创新绩效的路径系数为0.219，p<0.01，说明显性知识转移对企业创新绩效的正向提高效果显著，H3b得到支持。

（二）中介效应分析

根据Bollen和Stine的研究，在进行中介效果检验时，置信区间法

(Bootstrap Method) 可以同时估计直接效果和间接效果的标准化和非标准化结果,且不受样本数据非对称正态分布的影响,是目前较新的且实用的中介效果判断方法。因此,本章采取置信区间法检验知识转移在关系特征对创新绩效影响中的中介效果。具体步骤是采取 Bootstrap 技术,进行 5000 次随机抽样,估计总效果、间接效果和直接效果的标准误及置信区间,同时计算出 Bia-Corrected 和 Percentile 置信区间,两个置信区间的置信度为 95%。然后估计总效果、间接效果和直接效果的标准误及标准化系数。

根据 Mackinnon,中介效果检验应该分三步:首先检查总效果,如总效果显著(置信区间不包含 0)则表示有可能有间接效果,否则直接停止检验;其次检验间接效果,如果间接效果显著,则表示中介效果存在;最后检验直接效果,如果直接效果显著,且直接效果比总效果小,则说明是部分中介,如果直接效果不显著,且直接效果比总效果小,则说明是完全中介。

表 3-4 是知识转移在关系强度对创新绩效影响中的中介效应分析结果。根据检验结果,关系强度对创新绩效的标准化总效果点估计值为 0.222,同时 Bia-Corrected 和 Percentile 置信区间都不包含 0,说明总效果显著;关系强度通过知识转移对创新绩效的标准化间接效果的两个置信区间都不包含 0,说明间接效果显著。因此,知识转移在关系强度对创新绩效影响中的中介效果存在。进一步分析发现,隐性知识转移的间接中介效果显著,而显性知识转移的间接中介效果不显著。说明在关系强度与创新绩效的关系中,是隐性知识转移起关键的中介作用,同时因为关系强度到创新绩效的直接效果不显著(置信区间包含 0),所以隐性知识转移的完全中介作用存在。

表 3-4 知识转移中介效应分析(关系强度部分)

关系	点估计值	标准误	Bia-Corrected 置信区间		Percentile 置信区间	
			最小值	最大值	最小值	最大值
标准化总效果						
关系强度→创新绩效	0.222	0.058	0.114	0.340	0.109	0.335

续表

关系	点估计值	标准误	Bia-Corrected 置信区间		Percentile 置信区间	
			最小值	最大值	最小值	最大值
标准化间接效果						
关系强度→知识转移→创新绩效	0.140	0.040	0.073	0.234	0.071	0.226
关系强度→隐性知识转移→创新绩效	0.142	0.037	0.082	0.230	0.078	0.225
关系强度→显性知识转移→创新绩效	-0.001	0.012	-0.031	0.020	-0.027	0.023
标准化直接效果						
关系强度→创新绩效	0.082	0.061	-0.047	0.197	-0.046	0.199

表3-5是知识转移在信任对创新绩效影响中的中介效应分析结果。根据检验结果，信任对创新绩效的标准化总效果点估计值为0.384，同时Bia-Corrected和Percentile的置信区间都不包含0，说明总效果显著；信任通过知识转移对创新绩效的标准化间接效果的两个置信区间都不含0，表明间接效果显著。因此，知识转移对信任影响创新绩效的中介效果成立，且为部分中介（直接效果不显著，置信区间不包含0）。进一步分析发现，隐性知识和显性知识转移的间接中介效果皆显著。为了确定哪种知识转移的中介作用更大，我们进一步比较两种知识转移中介效果的大小。隐性知识转移和显性知识转移的点估计值分别是0.197和0.032，分别占到中介效果的59.6%和40.4%，表明隐性知识转移的中介效果高于显性知识的中介效果。同时，我们计算了两个中介效果的差异显著度，发现中介效果差异的两个置信区间都不包括0，说明两个中介的效果差异显著，即隐性知识转移的中介效果明显大于显性知识转移的中介效果。

表3-5 知识转移中介效应分析（信任部分）

关系	点估计值	标准误	Bia-Corrected 置信区间		Percentile 置信区间	
			最小值	最大值	最小值	最大值
标准化总效果						
信任→创新绩效	0.384	0.068	0.255	0.519	0.262	0.526

续表

关系	点估计值	标准误	Bia-Corrected 置信区间		Percentile 置信区间	
			最小值	最大值	最小值	最大值
标准化间接效果						
信任→知识转移→创新绩效	0.229	0.057	0.128	0.357	0.119	0.344
信任→隐性知识转移→创新绩效	0.197	0.051	0.108	0.316	0.097	0.307
信任→显性知识转移→创新绩效	0.032	0.020	0.004	0.089	0.001	0.083
标准化直接效果						
信任→创新绩效	0.155	0.074	0.013	0.307	0.015	0.310
中介效果差异	-0.165	0.053	-0.290	-0.071	-0.280	-0.063

第五节 结论与启示

本章以知识基础理论和社会资本理论为基础，构建了一个整体框架，通过分析社会资本对中小微企业创新网络中显性知识和隐性知识转移的不同影响方式，进而分析其对中小微企业创新绩效的影响机制。从研究结果来看，中小微企业社会资本的关系强度和信任这两个特征对中小微企业间的知识转移和创新行为都存在影响。

第一，关系强度对中小微企业间隐性知识的转移产生显著的正向影响，但对显性知识转移产生显著的负向影响。该研究结果说明强、弱关系均是中小微企业创新的重要资源，企业对社会关系的依赖与其所需知识资源的特征是有联系的。因此，中小微企业应该分别利用强弱关系与网络伙伴形成紧密程度不同的关系，以获取不同的知识资源，克服本身内部资源的不足。对于一个成功的中小微企业而言，有必要主动、有效地构建支撑其发展的创新网络，并对这种网络进行有效的管理。既要保持与部分强关系伙伴的紧密合作，又要拓展网络伙伴的范围，形成疏密不同的网络结构。

第二，信任对中小微企业创新网络中隐性知识和显性知识的转移均产生显著的正向影响。这一结论将以往研究成果认为信任是确保企业内部知识转移的重要因素这一结论拓展到企业间知识转移层面。中小微企业间的合作在通过契约治理方式抑制机会主义的同时，还应该重视建立以信任为基础的关系。因为再详细的契约都不能将知识分享，尤其是将隐性知识分享纳入契约条款中。隐性知识的黏滞性和默会性等特点导致其难以转移和分享，隐性知识经常嵌入组织心智和惯例中并具有无形性，合作伙伴间甚至不能明确对方究竟拥有何种知识。因此，建立信任关系更能增进中小微企业间长期合作的信心，激发大家积极参与开放式创新，推进知识分享，从而实现追求长期利润最大化的目标。

第三，隐性知识转移在关系强度对中小微企业创新绩效的影响路径中有完全中介作用，而显性知识转移的中介作用不明显；同时关系强度对中小微企业创新绩效的直接作用也不显著。隐性知识转移和显性知识转移在信任对企业创新绩效的影响路径中均起着部分中介作用，而隐性知识转移的作用更大。同时，信任对中小微企业创新绩效的直接作用也显著。这一结论显示在强关系网络中，中小微企业的创新绩效不一定就高。为了实现强关系对创新绩效的贡献，企业管理者需要对网络中伙伴间隐性知识的分享进行干预，引导企业间建立基于信任的知识转移机制。因此，在中国特色关系文化社会背景下，建立以信任为基础的关系对中小微企业的创新能力提升至关重要。

本章主要有两方面贡献：一是对中小微企业创新网络中的知识转移问题进行了细分研究，发现关系强度这一关系嵌入特征对中小微企业网络中隐性知识和显性知识的转移存在不同的影响机制，拓展了知识基础理论在中小微企业创新领域的应用；二是通过将知识转移引入中小微企业创新网络关系嵌入与创新绩效的关系中，发现隐性知识转移的中介效果明显高于显性知识转移的效果，为中小微企业如何在强关系网络中提高创新绩效指出了一条可行的路径。

本章的研究局限是没有进行研究模型的地区差异问题探讨。进一步研究可以将数据样本扩大，考察更多的地区，进行区域的对比研究。另外，本章只研究了中小微企业创新网络关系嵌入特征中的关系强度和信任通过企业隐性知识转移和显性知识转移对企业创新绩效的影响。今后的研究还可以将其他关系嵌入特征，如规范、认同等纳入研究框架，更完整地探索中小微企业创新网络中不同关系嵌入特征对企业创新绩效的影响机制。

第六节　本章小结

有关研究表明，在中小微企业的创新网络中，企业创新绩效受到关系嵌入程度的影响。但是，关系嵌入特征通过何种途径影响中小微企业的创新行为、关系嵌入特征对网络中隐性知识和显性知识转移的影响是否存在差异等问题尚需要进一步研究。本章基于知识基础理论和社会网络理论，构建关系嵌入特征、知识（隐性和显性）转移和中小微企业创新绩效之间的理论模型，并以282名科技型中小微企业负责人的问卷数据为样本，运用结构方程模型对研究假设进行实证分析。研究结果表明，关系强度对中小微企业创新网络中的隐性知识转移具有正向影响，对显性知识转移具有负向影响；隐性知识转移在关系强度和创新绩效的关系中起着完全中介作用；隐性知识转移和显性知识转移分别在信任和创新绩效的关系中起着部分中介作用，且隐性知识转移的中介效果明显大于显性知识转移的中介效果。

第四章

社会资本强度对技术创新绩效的影响机制研究

第一节 研究背景

知识经济时代,企业技术创新活动由以往的封闭式创新逐渐转变为开放式创新。开放式创新促使企业之间的关系从以往的单向链条式发展为集群网状式,即企业与企业之间的信息传递不再是单向、单线的,而是以自身企业作为核心的整个创新网络为基础的。其中,强关系使企业之间具有更多的同质性资源,能够形成更加牢固的合作关系网络,使知识交流渠道更加顺畅,提高了知识获取的效率,加强了双方之间的信息交流,促进了知识在整个创新网络中的共享与应用。弱关系促使企业之间具有更多的异质性资源,通过项目合作与学习交流,可以相互补充各自在知识、技术等方面存在的不足,不断更新企业知识库,为技术创新活动提供必要的知识保障。然而,企业从创新网络中获得的新知识、新技术能否与现有知识、技术完美融合,并将其用于企业的技术创新活动进而提高技术创新绩效以及提高程度有多大,这取决于企业的吸收能力。

自 Schumpeter 在《经济发展理论》中首次将技术创新概念引用到经济学研究领域后,学者们对技术创新展开了深入的研究。例如,Sheshinski 从经济学角度建立了技术—知识模型,认为企业的技术创新与知识管理密不可分。他虽然首次研究技术创新与知识管理的关系,然而并没有将知识管理整个系统打开，而是将其作为一个"黑匣子"进行研究。Granovetter 认为企业关系强度能够提升企业的技术创新绩效，但是他只研究了关系强度与技术创新绩效的关系，并没有探究知识管理在两者之间的作用。Hansen 将关系强度划分为强关系与弱关系，并指出当外部环境发生变化时，强关系比弱关系更能促进网络成员的交流，对技术创新绩效具有一定的促进作用。然而，他忽视了企业对外部知识的应用程度还取决于企业自身的吸收能力。Nonaka 提出 SECI 模型，认为研究企业的技术创新活动应该从知识管理的角度出发。Gamal Atallah 通过研究技术创新的整个流程，综合分析信息共享、稳定合作与技术创新绩效的关系。吴迪通过实证分析得出知识共享对企业的突破式创新能力具有间接作用。然而，伍紫君通过实证分析得出知识共享在心理契约与创新绩效之间具有中介作用。

可见，学术界在研究如何提高技术创新绩效方面主要是从关系、知识管理、吸收能力等单个方面展开的，并未探究三者对技术创新绩效的内在影响机制。关系强度如何影响企业的技术创新绩效？知识管理是否通过知识共享的中介作用对技术创新绩效产生影响？吸收能力如何调节知识共享与技术创新绩效的关系？相关学者并未做出很好的回答。基于以上问题，本章以我国科技型中小微企业为研究对象，从关系强度角度出发，重点研究以下两个方面：知识共享如何在企业关系强度与技术创新绩效之间发挥作用；吸收能力如何调节知识共享对技术创新绩效的影响。本章在探究关系强度对技术创新绩效内在影响机制的同时，也为企业管理层制定合理的决策提供实证支持。

第二节　文献回顾与研究假设

一、关系强度与技术创新绩效

Granovetter 在《弱关系的力量》中，按照互动频率、情感密度、熟识性和互惠性四个维度定义关系强度,将其分为强关系与弱关系。其中,强关系是指经常互动、交流频繁的长久合作关系;弱关系则是指联系较少、情感较弱的短期合作关系。目前,对于关系强度影响企业绩效的研究,主要分为以 Coleman 为代表人物的强关系流派与以 Hills 和 Singh 为代表人物的弱关系流派。为了进一步研究关系强度对技术创新绩效的影响机制,本章从强关系、弱关系两个角度出发,探究它们是如何影响企业技术创新绩效的。

(一) 强关系与技术创新绩效

企业强关系是指企业之间交流非常频繁、情感联系非常密切、重感情的社会关系,具体表现为企业之间在互动过程中产生的相互信任、相互合作、互帮互助的社会联结。Coleman 认为,强关系能够帮助企业获取知识、技术等方面的信息,从而可以提高企业的创新绩效水平。从信任程度层面来看,强关系企业更容易获得与技术创新有关的知识,这主要表现为强关系企业与其他企业在感情契约方面具有高度一致性,可以缩短"心理距离",有利于知识的分享与新技术的实施,从而提高技术创新。例如,蔡宁通过对海正药业近 50 年的跟踪调查,从企业间的信任程度与知识的复杂程度两个维度来研究关系强度与技术创新绩效的耦合路径,得出当企业间信任程度和知识结构水平较高时,企业技术创新水平较高。从创新模式层面来看,强关系加强了企业间的频繁交流,产生了更多的同质性资源,促使企业善于挖掘身边已有的资源,间接提高了企业的利用式创新。例如,吴晓云通过调研 266 家中国高新技术企业,实证分析强关系、创新模式与技术创新绩效的关系,得出强关系企业应该采取以利用式创新为主、探索式创新为辅的创新模式配置。基于以上分析,本章认为成员之间的密切联系是进行知识共享的前提基础,这种密切联系表明了双方之间具有良好的合作基础,通过知识交流,能够碰撞出更多的创新思维,从而产生更多的新技术。基于此,提出如下假设:

H1:强关系与技术创新绩效呈正相关关系。

(二) 弱关系与技术创新绩效

Singh 认为,在强关系的作用下企业之间相互了解、相互熟悉,容易造成知识冗余与"关系嵌入",难以提高绩效;相反,弱关系的存在,促使企业之间产生更多的异质性资源,可以丰富现有的知识库,为技术创新活动提供必要的知识保障。Kraatz 指出,企业之间的弱关系由于具有一定的动态性和弹性,一方面可以保证知识的新鲜度,另一方面可以拓宽知识获取的广度。Uzzi 认为,弱关系比强关系更有利于知识的多元化发展及企业的突变式创新。Koberg 指出,弱关系自身所具有的非冗余能力是否可以为企业带来新的知识与技术,仍然需要进一步的理论与实证支持。基于此,提出如下假设:

H2:弱关系与技术创新绩效呈正相关关系。

二、知识共享的中介作用

知识共享是指知识在组织之间通过多种渠道进行流动,并被组织得以识别、利用的过程,通过知识共享,企业可以在原有知识体系的基础上扩大知识存量,提高其利用价值,进而产生知识辐射效应。在企业技术创新过程中,知识不仅是核心的生产要素,更是创新活动的源泉与基础。目前,学者们对知识共享的划分主要有隐性/显性知识共享、正式/非正式知识共享、探索式/利用式知识共享等。基于 Polanyi 的隐性/显性知识共享的经典划分和 Gruber 的知识共享的设计原则,本章从隐性知识共享与显性知识共享两个角度探究知识共享在关系强度与技术创新绩效之间的影响机制。

(一) 隐性知识共享的中介作用

隐性知识共享是指拥有者将难以编码的知识向其他个人或组织进行交流与分享的过程。知识共享,尤其是隐性知识共享,主要是以主体间的关系强度为基础的。例如,杨中华在分析集群网络强关系的基础上,基于

SECI 模型指出以企业间的高度信任为基础所形成的强关系,有利于隐性知识流动。还有学者从主体的动机与能力方面来研究关系强度与隐性知识共享的关系。例如,何水儿从个体特征的角度研究主体的动机与能力以及它们的交互作用对隐性知识共享的影响,得出强关系以信任为基础,具有相当程度的信任的主体能够更有效地共享彼此的隐性知识;而弱关系则能够为企业提供更多的异质性资源,扩充企业的知识库,为企业的技术创新活动提供必要的知识保障。

(二) 显性知识共享的中介作用

显性知识共享是指拥有者将可以编码的知识通过各种渠道与他人或其他组织交流、讨论的过程。社会关系网络中的显性知识共享可以增加企业的知识存量,创造出更大的企业价值。张涵通过研究联盟企业,得出显性知识共享在关系强度对联盟企业绩效的影响中具有中介作用,且联盟成员能力提升能够增强知识共享对联盟企业绩效的正向影响。此外,陈伟从供应链的角度研究显性知识共享对创新绩效的影响,得出关系对显性知识共享具有显著影响,供应链企业显性知识共享对创新绩效具有正向显著影响。方炜通过研究 IT 外包,实证分析得出吸收能力增强了显性知识共享对外包绩效的正向影响。

由企业间的关系强度所形成的创新网络不仅加速了知识在多方主体之间的传播效率,还间接提高了企业的技术创新绩效。这主要是因为基于强关系所形成的社会关系网络拓宽了企业间信息与技术的传播渠道,知识可以通过多方渠道在整个社会网络中传播、共享以及应用,而企业可以实现对旧知识、旧技术的更新迭代,产生新的知识与技术,通过强有力的执行力将其应用于技术创新的整个活动过程,从而提升企业技术创新绩效。弱关系的存在,使企业之间具有一定的距离感。这种距离感会促使企业主动去寻找新的知识与技术,与现有知识、技术融合,将之用于企业的技术创新活动中,以期望获得独特的竞争性优势。例如,魏露露通过研究集群企业的网络节点,证实了企业间的频繁交流可以促进新、旧知识的融合,直接提高了企业的技术创新绩效。此外，马醉陶认为弱关系所产生的异质性资源可以扩充企业知识存量，让知识产生辐射效应，进而使企业所拥有的知识增值，持续提高企业的创造性，创造出更多人机协同的设计。基于以上分析，本章认为隐性知识共享、显性知识共享在强关系、弱关系与技术创新绩效之间具有中介作用。基于此，提出如下假设：

H3：隐性知识共享在强关系与技术创新绩效之间起中介作用。

H4：隐性知识共享在弱关系与技术创新绩效之间起中介作用。

H5：显性知识共享在强关系与技术创新绩效之间起中介作用。

H6：显性知识共享在弱关系与技术创新绩效之间起中介作用。

三、吸收能力的调节作用

Cohen 和 Levinthal 最先提出了吸收能力的概念，将其界定为"企业对外部环境中的信息进行识别、吸收，然后用于经营活动的能力"，并且指出吸收能力提高了企业的创新能力与创新绩效。Zahra 和 George 在前人研究的基础上，将吸收能力划分为潜在吸收能力与现实吸收能力两个维度。其中，潜在吸收能力是指从外部信息中获取、消化外部知识的能力，而现实吸收能力是指对现有知识与新知识进行融合，将其应用于技术创新的能力。企业的吸收能力与技术创新绩效具有正相关关系，即吸收能力越强，对外部知识的识别作用越大，越能提升企业的技术创新。例如，徐国军通过实证分析得出现实吸收能力正向调节技术转移对突变式创新绩效的影响。企业在获取、吸收外部知识的基础上，还必须高效地利用与转化所获取的知识，这样才能提高企业的创新绩效，建立起独特的竞争优势。Escribano 的研究表明，那些从外部环境中获得较高收益的企业，其知识吸收能力都非常高。吸收能力较高的企业通过提高对知识的利用率来提升企业的技术创新能力，若知识的利用程度较低，则对技术创新能力的影响甚微。董平以 2010~2013 年的创业板上市公司为研究对象，证明了吸收能力正向调节技术并购对技术创新能力的影响，即吸收能力越强的公司技术并购后技术创新动态能力越强。根据对前人观点的分析，本章认为吸收能力是指企业能够对外部信息进行筛选，认识并且吸收具有价值的信息，将之用于企业的创新活动的能力。基于 Zahra 和 George 的研究，本章从潜在吸收能力与现实吸收能力两个维度来研究吸收能力。

潜在吸收能力是指从外部信息中获取、消化外部知识的能力。关系强度虽然能够促进双方进行知识交流，获得更多的信息知识，但受到企业固有资源的限制，企业并不能将所有的知识用于创新活动，而是需要对知识进行筛选，从中识别具有价值的知识，进一步提高技术创新能力。赵文红认为，企业的潜在吸收能力越强，越能从外部复杂多变的环境中获取更多具有价值的显性知识与隐性知识，为企业的技术创新活动提供更多的知识资源。此外，戴勇通过分析集群网络结构与技术创新绩效的关系，将潜在吸收能力作为中介变量引入模型，得出网络强度通过潜在吸收能力影响创新绩效。艾志红通过实证分析得出知识共享通过潜在吸收能力提高了合作绩效。企业对外部知识的消化能力越强，越能产生更多的创新思维，进而为技术创新活动提供知识保障。

现实吸收能力是指融合现有知识与新知识，将其应用到技术创新活动中的能力。通过企业之间的关系强度，企业从外部获取的隐性知识与显性知识并不能直接被应用于企业的创新活动中，新知识需要进行内部转化，然后才能与原有知识融合，进而提高企业的技术创新能力。企业的现实吸收能力越强，越能帮助企业将复杂知识简单化，抽象知识具体化，隐性知识外显化，将外部知识快速、高效地内化为自身的知识，持续地进行技术创新活动，进而提升企业绩效。例如，李显君认为开放式创新背景下的知识与技术以现实吸收能力为中介来提高创新绩效。高效利用知识是实现知识增值的重要环节，更是企业吸收外部知识的目的所在。基于以上分析，本章认为潜在吸收能力与现实吸收能力在隐性知识共享与技术创新绩效之间具有正向调节作用。基于此，提出如下假设：

H7：潜在吸收能力正向调节隐性知识共享与技术创新绩效的关系。

H8：潜在吸收能力正向调节显性知识共享与技术创新绩效的关系。

H9：现实吸收能力正向调节隐性知识共享与技术创新绩效的关系。

H10：现实吸收能力正向调节显性知识共享与技术创新绩效的关系。

综上所述，本章主要研究关系强度与技术创新绩效的关系、知识共享的中介作用和吸收能力的调节作用，研究框架如图4-1所示。

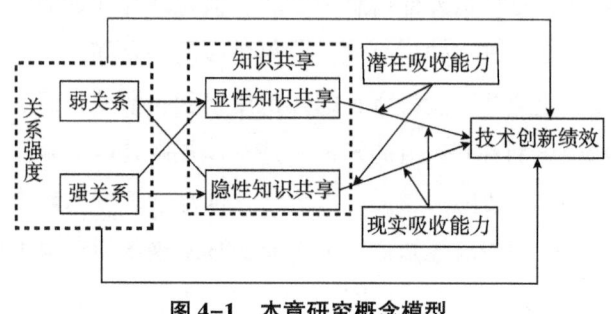

图4-1　本章研究概念模型

第三节　研究设计

一、数据收集与样本分布

在国家社会科学基金项目以及北京市哲学社会科学项目的支持下，笔者于2017年5月到9月随机对我国500家科技型中小微企业展开调查，对其基本信息及成长要素进行调研，为我国中小微企业健康成长提供相应的建议。问卷发放主要以实地进入企业为主、电话问询以及电子邮件发放为辅，共收回问卷362份，问卷的回收率为72.4%。针对回收问卷的答题情况，剔除存在缺失值与异常值（80%的题项选择同一级别）的问卷，共得到有效问卷223份，占样本总量的44.6%。测量问卷的相应题项由李克特七级量表测量，其中7代表非常赞同，1代表非常不赞同。问卷由被调查者据实填写，此项调查可为探讨企业关系强度、知识共享、吸收能力对技术创新绩效的影响提供必要的数据支持。

样本行业分布、经营年限、所在地区以及企业规模如表 4-1 所示。由表 4-1 可知，本次调研对机械制造、生物医药、材料化工以及信息技术行业均有所涉及，但是 75% 以上是信息技术类企业。从企业所在地区来看，东部、中部以及西部均有所涉及，但集中在东部地区，主要是因为东部地区政策完善，政府给予较多支持，市场环境较好，以后的调研应该加大对西部以及中部地区企业的关注。从企业规模来看，70% 以上的企业规模在 50 人以下，员工人数较少；从企业年龄来看，本次调研的中小微企业均在 3 年以内，尚处于发展阶段，可以在后期跟踪研究。

表 4-1　样本分布（N=223）

		数量（家）	占比（%）
行业分布	机械制造	19	8.52
	信息技术	168	75.34
	生物医药	21	9.42
	材料化工	15	6.72
经营年限	1 年以内	33	14.80
	1~2 年	78	34.98
	2~3 年	112	50.22
所在地区	西部地区	45	20.18
	中部地区	45	20.18
	东地区	133	59.64
企业规模	10 人及以下（1 级）	28	12.56
	11~50 人（2 级）	138	61.88
	51~100 人（3 级）	57	25.56

二、变量测量

本章所采用的问卷以及相应题项都基于国内外现有的研究，根据中小微企业的特点做出适当调整，保证了量表具有较好的内容效度。关系强度依据 Yli-Renko 和 Autio、刘婷和郭海以及乔坤和吕途的研究量表，分为强关系与弱关系，共有九个题项。吸收能力依据 Compton 和 Jansen 以及 Zahra 和 George 的研究量表，分为潜在吸收能力与现实吸收能力，共有八个题项。知识共享依据 Retallick 和 Zarraga 的研究量表，分为隐性知识共享与显性知识共享，共有六个题项。技术创新绩效依据孙永风和李垣以及陈劲和陈钰芬的研究量表，共有五个测量题项。控制变量有企业规模、所属行业和经营年限。其中，企业规模以企业近三年年均员工数目为标准，分为三个等级，10 人以下为 1 级，11~50 人为 2 级，51~100 人为 3 级；所属行业设为虚拟变量，数字 1 代表机械制造行业，数字 2 代表材料化工行业，数字 3 代表生物医药行业，数字 4 代表信息技术行业；经营年限的计算方法是企业负责人填写问卷的日期减去企业成立的日期，以年为单位进行计算，不足 1 年的以 1 年计算。

对主要变量进行效、信度分析，分析结果如表 4-2 所示。其中，强关系的 Cronbach's α 系数为 0.760，CR 值为 0.8489，内部一致性较高，所有测量题项的因子载荷都高于 0.755，聚合效度较高，说明所选取的四个题项具有较好的组合信度与聚合效度，可以作为一个因子来测量强关系；弱关系的 Cronbach's α 系数为 0.767，CR 值为 0.8518，内部一致性较高，所有测量题项的因子载荷都高于 0.749，聚合效度较高，说明所选取的四个题项具有较好的组合信度与聚合效度，可以作为一个因子来测量弱关系；隐性知识共享的 Cronbach's α 系数为 0.667，CR 值为 0.8194，内部一致性较高，所有测量题项的因子载荷都高于 0.754，聚合效度较高，说明所选取的三个题项具有较好的组合信度与聚合效度，可以作为一个因子来测量隐性知识共享；显性知识共享的 Cronbach's α 系数为 0.666，CR 值为 0.8176，内部一致性较高，所有测量题项的因子载荷都高于 0.705，聚合效度较高，说明所选取的三个题项具有较好的组合信度与聚合效度，可以作为一个因子来测量显性知识共享；潜在吸收能力的 Cronbach's α 系数为 0.710，CR 值为 0.8383，内部一致性较高，所有测量题项的因子载荷都高于 0.760，聚合效度较高，说明所选取的三个题项具有较好的组合信度与聚合效度，可以作为一个因子来测量潜在吸收能力；现实吸收能力的 Cronbach's α 系数为 0.887，CR 值为 0.9177，内部一致性较高，所有测量题项的因子载荷都高于 0.789，聚合效度较高，说明所选取的五个题项具有较好的组合信度与聚合效度，可以作为一个因子来测量现实吸收能力；技术创新绩效的 Cronbach's α 系数为 0.883，CR 值为 0.9159，内部一致性较高，所有测量题项的因子载荷都高于 0.765，聚合效度较高，说明所选取的五个题项具有较好的组合信度与聚合效度，可以作为一个因子来测量技术创新绩效。

表 4-2 测量变量的效度与信度检验

变量	测量题项	标准载荷	Cronbach's α 系数	CR 值
强关系	企业与合作单位在商业和个人层面相互信任	0.770	0.760	0.8489
	企业与合作单位进行决策时考虑到对方的利益	0.777		
	企业与合作单位之间尽可能互相提供帮助	0.755		
	企业与合作单位能够进行有效沟通	0.755		
弱关系	企业对本地区非合作单位的信任度较低	0.793	0.767	0.8518
	企业与本地区非合作单位之间正式交流非常少	0.767		
	企业并不打算与本地区非合作单位建立长久的联系	0.749		
	企业并不十分愿意与本地区非合作企业共享资源	0.762		
隐性知识共享	企业员工经常与合作伙伴交流、共享各自企业的一些信息	0.808	0.667	0.8194
	企业员工经常与合作伙伴交流共享自己的日常工作心得和工作方法	0.754		
	企业员工经常与供应链中的合作伙伴共享自己的工作经验和技术诀窍	0.765		
显性知识共享	企业经常与其他企业讨论规章制度等内部文件	0.827	0.666	0.8176
	企业经常与其他企业相互参观	0.705		
	企业经常阅读同行内其他企业发表的公司刊物	0.787		

续表

变量	测量题项	标准载荷	Cronbach's α 系数	CR 值
潜在吸收能力	企业能够快速识别相关外部新知识	0.818	0.710	0.8383
	企业能够敏锐地察觉市场的变化	0.760		
	企业能够较快地分析与理解已获取的知识	0.809		
现实吸收能力	企业可以很快将新知识消化并与旧知识融合	0.825	0.887	0.9177
	企业可以很快从新知识中抓住新机会	0.882		
	企业为可以很快地利用新知识开发新产品并推向市场	0.841		
	企业记录和存储新知识以备将来使用	0.816		
	企业能在需要时迅速找到已经被企业内化和转换的新知识	0.789		
技术创新	企业掌握的核心技术程度高于行业平均水平	0.850	0.883	0.9159
	企业每年申请的专利数高于行业平均水平	0.856		
	企业发表的科技论文数量高于行业平均水平	0.827		
	企业率先应用新技术的频率高于行业平均水平	0.765		
	企业新技术的开发成功率高于行业平均水平	0.839		

三、验证性因子分析

由于各变量的 CR 值均大于 0.8,适合做验证性因子分析。因此,本章通过验证性因子分析（CFA）来检验量表的区分度。采用 CMIN/DF、IFI、CFI、RMSEA 这四个指标值衡量量表的区别效度。通常认为 CMIN/DF 小于 5,IFI、CFI 大于 0.90,RMSEA 小于或接近 0.1 即可。技术创新绩效的 CMIN = 19.941, DF = 5, CMIN/DF = 3.988, IFI = 0.976, CFI = 0.975, RMSEA = 0.114；知识共享的 CMIN = 18.164, DF = 9, CMIN/DF = 2.018, IFI = 0.969, CFI = 0.968, RMSEA = 0.066；关系强度的 CMIN = 6.062, DF = 5, CMIN/DF = 1.212, IFI = 0.996, CFI = 0.996, RMSEA = 0.030；吸

收能力的 CMIN = 23.426，DF = 9，CMIN/DF = 2.603，IFI = 0.977，CFI = 0.977，RMSEA = 0.083，各变量的指标值均处于合理范围之内，进一步说明各潜变量具有良好的区别效度。

此外，本章为进一步验证所建模型的整体拟合情况，先将关系强度分为强关系与弱关系，知识共享分为隐性、显性知识共享，吸收能力分为潜在、现实吸收能力以及技术创新绩效共七个因子，建立了七因子模型。然后，在七因子模型的基础上，将强关系与弱关系合并为一个因子、隐性知识共享与显性知识共享合并为一个因子、潜在吸收能力与现实吸收能力合并为一个因子以及技术创新绩效共四个因子，建立了四因子模型。最后，在四因子模型的基础上，将所有题项合并为一个因子，建立了一因子模型。结果如表4-3所示，七因子模型的整体拟合情况高于四因子模型和一因子模型，表明七因子模型具有良好的区分效度。

表 4-3　CFA 模型拟合指标值

	CMIN/DF	IFI	CFI	RMSEA
七因子模型	1.794	0.908	0.906	0.060
四因子模型	2.174	0.857	0.855	0.073
一因子模型	3.714	0.670	0.667	0.110

四、同源偏差检验

由于此次研究所采用的问卷内容是中小微企业负责人的主观判断，可能会存在同源偏差。为了检验同源偏差是否在合理范围之内，采用 Harman 的单因素检验方法，对测量的所有题项进行探索性因子分析。结果显示，一共有五个因子的特征根是大于 1 的，第一个因子只解释了变异 33.538%（小于 40%），证明本研究的同源偏差在可接受范围之内。

第四节 实证检验

一、变量的相关性分析与 T 检验

(一) 变量的相关性分析

对主要变量进行相关性分析,结果如表 4-4 所示。通过表 4-4 可知,强关系与技术创新绩效的相关系数是 0.265,并且在 1%水平上正向显著,H1 得到支持;弱关系与技术创新的相关系数是-0.126,并且在 10%水平上负向显著,H2 未得到支持;隐性知识共享与技术创新的相关系数为 0.427,显性知识共享与技术创新的相关系数为 0.268,潜在吸收能力与技术创新的相关系数是 0.360,现实吸收能力与技术创新的相关系数是 0.202,说明除弱关系外,其余各潜变量都与技术创新绩效中度正向相关,后文通过回归分析进一步测量其影响技术创新绩效的程度。

通过表 4-4 可知,各潜变量的 AVE 的平方根都大于此变量与其他变量的相关系数,表明各变量具有良好的判别效度。另外,当变量之间的相关系数达到 0.7 以上的时候,变量中可能会出现多重共线性。但是由表 4-4 可知,各变量的最大相关系数为 0.565,因此,初步判断各变量之间没有严重的多重共线性,为进一步证明多重共线问题,笔者还将通过 VIF 值(方差膨胀因子)做进一步判断。

表 4-4 测量变量的相关系数矩阵

变量	均值	标准差	1	2	3	4	5	6	7
1. 强关系	5.692	0.756	0.584						
2. 弱关系	5.762	0.792	-0.040	0.590					

续表

变量	均值	标准差	1	2	3	4	5	6	7
3. 隐性知识共享	5.228	0.840	0.463***	-0.075	0.602				
4. 显性知识共享	5.881	0.722	0.565***	-0.069	0.472***	0.600			
5. 潜在吸收能力	5.588	0.888	0.309***	0.001	0.314***	0.346***	0.634		
6. 现实吸收能力	5.153	1.029	0.213***	0.157**	0.155**	0.221***	0.110*	0.691	
7. 技术创新绩效	4.892	0.945	0.265***	-0.126*	0.427***	0.268***	0.360***	0.202***	0.686

注：①***、**、*分别表示在1%、5%、10%的统计水平上显著；②采用Pearson相关系数；③对角线为AVE平方根。

(二) T检验

将技术创新绩效的平均值作为T检验分组的界限值，高于平均值的为高技术创新组，低于平均值的为低技术创新组。如表4-5所示，高技术创新组的弱关系显著低于低技术创新组，而高技术创新组的强关系、隐性知识共享、显性知识共享、潜在吸收能力与现实吸收能力都显著高于低技术创新组，这与前文中的理论推导相符合。

表4-5 高技术创新组与低技术创新组的各变量的T检验

	高技术创新组	低技术创新组	均值差异
强关系	5.503	4.911	0.592***
弱关系	5.668	5.875	-0.207***
隐性知识共享	5.834	5.356	0.478***
显性知识共享	5.984	5.758	0.226***
潜在吸收能力	5.875	5.515	0.360***
现实吸收能力	5.998	5.762	0.236***
行业	3.516	3.446	0.070***
年龄	2.148	2.109	0.039***
规模	2.230	1.970	0.260***

注：***、**、*分别表示在1%、5%、10%的统计水平上显著。

二、回归分析

(一) 中介效应检验

本章通过多元层次回归检验 H3、H4、H5 和 H6。采用 Baron 和 Kenny 的检验方法,验证隐性知识共享、显性知识共享在强关系、弱关系与技术创新绩效间的中介作用(见图 4-2),结果如表 4-6 所示。

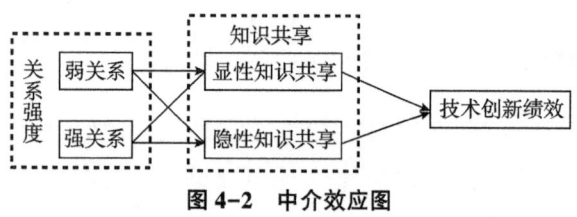

图 4-2 中介效应图

表 4-6 中介效应分析

变量		隐性知识共享	显性知识共享	技术创新绩效		
				模型 1	模型 2	模型 3
控制变量	行业	-0.035 (-0.694)	-0.072 (-1.769)	-0.025 (-0.408)	-0.011 (-0.195)	-0.008 (-0.131)
	年龄	0.016 (0.210)	-0.020 (-0.338)	0.093 (1.039)	0.087 (1.023)	0.098 (1.103)
	规模	0.223*** (2.724)	-0.030 (-0.449)	0.379*** (3.885)	0.294*** (3.120)	0.386*** (3.994)
自变量	强关系	0.515*** (7.843)	0.539*** (10.148)	0.336*** (4.282)	0.139 (1.646)	0.211** (2.241)
	弱关系	-0.078 (-1.223)	-0.046 (0.886)	-0.160** (-2.111)	-0.130 (-1.805)	-0.150** (-1.989)
中介变量	隐性知识共享				0.383*** (4.982)	
	显性知识共享					0.231** (2.337)

续表

变量	隐性知识共享	显性知识共享	技术创新绩效		
			模型1	模型2	模型3
R^2	0.245	0.333	0.149	0.237	0.170
调整R^2	0.227	0.317	0.130	0.216	0.147
F值	14.126***	21.726***	7.662***	11.218***	7.426***
VIF最大值	1.035	1.035	1.035	1.324	1.498

注：①***、**、*分别表示在1%、5%、10%的统计水平上显著；②括号内的数值为t值。

首先，强关系对隐性知识共享正向显著相关（$\beta=0.515$，$p<0.01$），强关系对技术创新绩效正向显著相关（$\beta=0.336$，$p<0.01$），加入隐性知识共享后，隐性知识共享对技术创新绩效正向显著相关（$\beta=0.383$，$p<0.01$），而强关系对技术创新绩效不再显著（$\beta=0.139$，$p>0.1$），说明隐性知识共享在强关系与技术创新绩效之间起到完全中介作用，H3得到了支持。弱关系对隐性知识共享不存在显著相关（$\beta=-0.078$，$p>0.1$），弱关系对技术创新绩效负向显著相关（$\beta=-0.160$，$p<0.05$），加入隐性知识共享后，隐性知识共享对技术创新绩效正向显著相关（$\beta=0.383$，$p<0.01$），而弱关系对技术创新绩效不再显著（$\beta=-0.130$，$p>0.1$），说明隐性知识共享在弱关系与技术创新绩效之间并没有起到中介作用，H4未得到支持。

其次，强关系对显性知识共享正向显著相关（$\beta=0.539$，$p<0.01$），强关系对技术创新绩效正向显著相关（$\beta=0.336$，$p<0.01$），加入显性知识共享后，显性知识共享对技术创新绩效正向显著相关（$\beta=0.231$，$p<0.05$），而强关系对技术创新绩效仍正向显著相关（$\beta=0.211$，$p<0.05$），但是强关系对技术创新绩效的系数由0.336减小到0.211，显著性由1%变为5%，说明显性知识共享在强关系与技术创新绩效之间起到部分中介作用，H5得到了支持。弱关系对显性知识共享不存在显著相关（$\beta=-0.046$，$p>0.1$），弱关系对技术创新绩效负向显著相关（$\beta=-0.160$，$p<0.05$），加入显性知识共享后，显性知识共享对技术创新正向显著相关（$\beta=0.231$，$p<0.05$），而弱关系对技术创新绩效仍负向显著相关（$\beta=-0.150$，$p<0.05$），

但是弱关系对技术创新绩效的系数由-0.160增加到-0.150,增加了0.01个单位,显著性并没有发生变化,说明显性知识共享在弱关系与技术创新绩效之间起微小的中介作用,故H6得到了支持。

最后,各回归模型中的VIF最大值为1.498(小于5),表明各变量之间不存在严重的多重共线性。梳理以上中介效应检验结果,如表4-7所示。

表4-7 中介效应假设支持结果

假设	是否得到支持	中介程度
H3:隐性知识共享在强关系与技术创新绩效之间起中介作用	是	完全中介
H4:隐性知识共享在弱关系与技术创新绩效之间起中介作用	否	不中介
H5:显性知识共享在强关系与技术创新绩效之间起中介作用	是	部分中介
H6:显性知识共享在弱关系与技术创新绩效之间起中介作用	是	微小中介

(二)调节效应检验

H7、H8、H9以及H10探究潜在吸收能力、实现吸收能力在隐性知识共享、显性知识共享与技术创新绩效间的调节作用(见图4-3)。在进行调节效应检验时,为了减小多重共线性的影响,笔者对各潜变量进行了去中心化处理。调节效应的结果如表4-8所示。

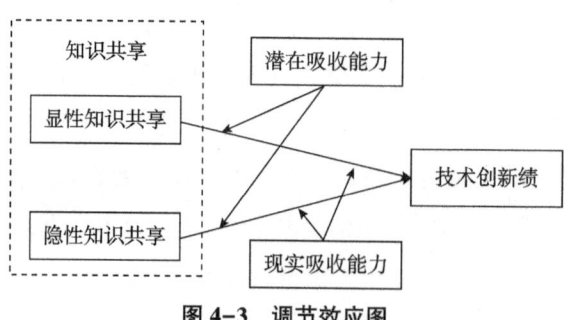

图4-3 调节效应图

第四章 社会资本强度对技术创新绩效的影响机制研究

表4-8 调节效应分析

变量		技术创新绩效			
		模型1	模型2	模型3	模型4
控制变量	行业	−0.013 (−0.208)	0.006 (0.096)	−0.026 (−0.453)	−0.020 (−0.369)
	年龄	0.089 (0.964)	0.105 (1.247)	0.131 (1.608)	0.175** (2.147)
	规模	0.352*** (3.458)	0.278*** (2.948)	0.224** (2.407)	0.237*** (2.597)
自变量	隐性知识共享 (TKS)		0.390*** (5.036)	0.339*** (4.458)	0.349*** (4.680)
	显性知识共享 (EKS)		0.152* (1.695)	0.037 (0.405)	0.036 (0.406)
调节变量	潜在吸收能力 (PAC)			0.258*** (3.827)	0.241*** (3.662)
	现实吸收能力 (RAC)			0.093* (1.670)	0.116** (2.120)
交互项	TKS×PAC				0.211*** (2.610)
	TKS×RAC				0.061 (0.825)
	EKS×PAC				−0.116 (−1.105)
	EKS×RAC				0.162** (2.012)
R^2		0.057	0.226	0.284	0.338
调整R^2		0.044	0.208	0.261	0.304
F值		4.418***	12.721***	12.243***	9.854***
VIF最大值		1.008	1.335	1.459	1.510

注：①***、**、*分别表示在1%、5%、10%的统计水平上显著；②括号内的数值为t值。

首先，隐性知识共享对技术创新绩效的回归系数为0.390，且在1%水平上显著；显性知识共享对技术创新绩效的回归系数为 0.152，且在 10%水平上显著。

其次，在模型 2 的基础上加入潜在吸收能力与现实吸收能力（即模型 3）后，隐性知识共享对技术创新绩效的回归系数为 0.339，且在 1%水平上显著；显性知识共享对技术创新绩效的回归系数为 0.037，且不再显著；潜在吸收能力对技术创新绩效的回归系数为 0.258，且在 1%水平上显著；现实吸收能力对技术创新绩效的回归系数为 0.093，且在 10%水平上显著。

再次，在模型 3 的基础上加入隐性知识共享、显性知识共享和潜在吸收能力、现实吸收能力的两两交互项之后（即模型 4），隐性知识共享与潜在吸收能力的交互项（TKS×PAC）对技术创新绩效的回归系数为 0.211，且在 1%水平上显著，H7 得到了支持；隐性知识共享与现实吸收能力的交互项（TKS×RAC）对技术创新绩效的回归系数为 0.061，且不再显著，H9 未得到支持；显性知识共享与潜在吸收能力的交互项（EKS×PAC）对技术创新绩效的回归系数为-0.116，且不再显著，H8 未得到支持；显性知识共享与现实吸收能力的交互项（EKS×RAC）对技术创新绩效的回归系数为 0.162，且在 5%水平上显著，H10 得到了支持。

最后，各回归模型中的 VIF 最大值为 1.510（小于 5），表明各变量之间不存在严重的多重共线性。梳理以上中介效应检验结果，如表 4-9 所示。

表 4-9 调节效应假设支持结果

假设	是否支持	影响方向
H7：潜在吸收能力正向调节隐性知识共享与技术创新绩效的关系	是	正向
H8：潜在吸收能力正向调节显性知识共享与技术创新绩效的关系	否	无
H9：现实吸收能力正向调节隐性知识共享与技术创新绩效的关系	否	无
H10：现实吸收能力正向调节显性知识共享与技术创新绩效的关系	是	正向

第四章 社会资本强度对技术创新绩效的影响机制研究

第五节 结论与管理启示

一、结论

本章以调研 223 家科技型中小微企业得到的数据为样本实证分析了创新网络企业关系强度对技术创新绩效的影响、知识共享在关系强度与技术创新绩效间的中介作用、吸收能力在知识共享与技术创新绩效间的调节作用，得到以下结论：

第一，强关系正向影响企业的技术创新绩效，而弱关系负向影响企业的技术创新绩效。企业之间可以通过强关系获取更多的具有价值的知识，提升企业的技术创新绩效。从关系网络资源流动来看，强关系保证了成员之间知识交流渠道的顺畅，使企业之间的交流互动非常频繁，加速了知识在彼此之间的共享，提高了企业获取知识的效率，为企业的技术创新提供了知识来源。此结论进一步证明了以 Coleman 为代表人物的"强关系"理论。就中国目前的情况来看，企业在独立创新方面的能力还比较弱，仍然需要与外部机构建立较强的社会关系网络。从关系网络内部来看，弱关系虽然可以避免社会关系网络中的"嵌入过度"的风险，为企业带来更多异质性的知识，但是弱关系企业难以与其他企业保持相同或相似的价值观及企业文化，这容易使双方之间的合作关系极不稳定，难以持续下去，无法提高企业的技术创新绩效。

第二，隐性知识共享完全中介了强关系对技术创新绩效的正向影响；显性知识共享部分中介了强关系对技术创新绩效的正向影响；显性知识共享微小中介了弱关系对技术创新绩效的负向影响。企业的技术创新归根结底是新知识商业化的过程。企业之间的强关系意味着企业可以获取更多的技术技巧与工作经验，社会关系网络中企业的强关系表明企业之间的知识交流相当频繁，合作项目较多，促进了彼此的隐性、显性知识共享，掌握了其他企业的相关知识与技术，通过对这些知识、技术进行融合与内化，将之应用到自身企业的创新活动中，可直接提高企业的技术创新绩效。企业之间的弱关系则意味着企业间交流较少，彼此并不十分熟悉，具有一定的"距离感"。在这种情况下，企业为了保持独特的竞争优势，并不会将企业独有的隐性知识，甚至是显性知识倾囊相授，技术创新绩效难以提高。

第三，潜在吸收能力增强了隐性知识共享对技术创新绩效的正向影响；现实吸收能力增强了显性知识共享对技术创新绩效的正向影响。潜在吸收能力主要侧重于对外部知识的获取、消化，来扩充企业的知识存量。企业的隐性知识往往是工作经验、技巧等难以进行编码的知识。然而企业之间的项目合作促使双方人员有更多讨论的机会，在经过多次的学习与交流之后，企业会在潜移默化中吸取到对方的经验与技巧，与现有的知识、技术进行融合，进而提高企业的技术创新绩效。现实吸收能力主要侧重于对外部知识的转移，促使新知识在企业之间相互传递。显性知识在企业当中，大多是以文本形式传递的规章制度，这些知识可以直接被合作单位借鉴、参考，用于改善他们的相应管理制度，可以间接提升企业的绩效水平。

二、理论贡献

本章通过研究关系强度对技术创新绩效的影响，重点探究了知识共享在关系强度与技术创新绩效之间的中介作用以及吸收能力在知识共享与技术创新绩效之间的调节作用，具有重要的理论贡献。首先，本章基于社会网络理论，从知识共享的角度研究如何提高企业技术创新绩效的问题。虽然以往的文献有所涉及知识共享对技术创新绩效的影响，但是并未将知识共享进一步划分为隐性知识共享和显性知识共享，并且将其与关系强度、吸收能力相结合，来研究如何提高技术创新绩效。其次，本章进行双元对比研究，将知识共享划分为隐性知识共享与显性知识共享，将关系强度划分为强关系与弱关系，将吸收能力划分为潜在吸收能力与现实吸收能力，验证了知识共享与吸收能力在关系强度与技术创新绩效之间的作用，这是已有文献关注较少的地方。最后，本章在梳理以往有关关系强度对技术创新绩效影响的文献的基础上，进一步揭示了关系强度通过知识共享与吸收能力提高技术创新绩效的内在机制，具有一定的理论贡献。

三、实践启示

本章结论为企业提高技术创新绩效带来以下启示：

第一，积极搭建并且充分利用企业的关系网络以提高企业的技术创新绩效。关系在现代知识社会中是一种可以投资于未来的潜在资源。企业创新的首要目标在于绩效的提高，而绩效的提高在于和供应链企业以及相关技术研究院等外部机构建立良好的社会关系网络，促进知识、技术在整个社会关系网络中高效流动，以进一步达成企业较高绩效的合作创新。政府部门可通过出台相应的政策、条例等，建设企业间相互学习与交流的平台（如技术创新论坛、技术交流会等），加大对产业园区（高新技术孵化产业区）的投入力度，形成以地区为特色的产业联盟。

第二，培育并提高企业的吸收能力。当今是知识经济的时代，企业为了提高技术创新绩效，应加强对自身吸收能力的建设，积极与其他企业进行各种正式或非正式的交流与沟通，在整个关系网络中形成良好的合作气氛，提高企业对知识吸收、转化与应用的能力。同时，政府机构应该支持产学研为一体的交流、互动，加强企业之间的联系与合作，为企业技术创新提供最新的支持政策，提升本地区整体的技术创新绩效。

四、研究不足与展望

受研究资源与个人水平等方面的限制，本章的研究还存在以下局限：

首先，对关系强度的界定尚不清晰。虽然已参考相关权威期刊对关系强度的概念加以界定，但是界定的准确性还有待提高；其次，本章所采用的数据为横截面数据，探究的是某一时间节点企业关系强度对技术创新绩效的影响，属于静态分析，然而企业技术创新是一个动态过程，此项数据难以全面、准确地描述创新网络企业关系强度对技术创新绩效的影响，未来可以采用纵向数据加以分析。

第六节 本章小结

本章以社会网络理论为研究基础，构建了关系强度、知识共享以及吸收能力影响技术创新绩效的模型，并依据对 223 家中国科技型中小微企业的问卷调查，采用验证性因子分析与多元层级回归方法探究强关系、弱关系对技术创新绩效的影响以及知识共享、吸收能力在其中所具有的作用。结果表明：①强关系对技术创新绩效具有直接正向影响，弱关系对技术创新绩效具有直接负向影响。②隐性知识共享完全中介了强关系对技术创新绩效的正向影响；显性知识共享部分中介了强关系对技术创新绩效的正向影响；显性知识共享微小中介了弱关系对技术创新绩效的负向影响。③潜在吸收能力增强了隐性知识共享对技术创新绩效的正向影响；现实吸收能力增强了显性知识共享对技术创新绩效的正向影响。

第五章

社会资本强度导致创新绩效与企业成长差异

第一节 研究背景

当今世界,科技日新月异,而创新引领着发展的潮流。面临全球化、技术变革加快等大环境趋势,企业只有更侧重于创新才能实现持续发展。互联网及通信技术的发展导致生产组织方式发生重大改变,创新不再是传统意义上孤立的发明家或实验者知识发展而促成的离散事件,而是在相互依赖下不同参与者知识成功交换和交互作用的结果(吕淑丽,2007)。企业也开始朝着网络化开放与合作、动态整合的方向不断迈进。随着科技进步的不断加快,瞬息万变的经济环境对企业的市场响应能力、创新速度及适应性等提出了更为严苛的要求,当今企业不能再只依赖于自身所拥有的内部有限资源与优势,而应越加重视与外部组织的沟通和交流,通过不断摄取外部知识资源来提高创新能力以获取竞争优势。对于完成内外部信息与知识的整合并进而创新,企业的社会资本发挥着不可或缺的作用。企业的社会资本就是一种通过融合有利于创新的各种社会资源进而提高获取盈利机会的能力,它将信息、观念、知识与资本等基本要素有目的、有组织地调动起来,对生产系统进行创新,使企业的经济行为多样化,从而提高产品质量,实现企业利润增加的目标(姜卫韬,2012)。Lee 等(2006)

研究表明社会资本有利于提高创新绩效。李海超和彭尔霞（2015）认为，在知识经济时代社会资本作为企业创新的重要资源，在企业创新过程中发挥着越来越重要的作用，并以阿里巴巴为例探讨了社会资本对其创新发展的作用机制与影响机理。当然，社会资本的作用绝不可能取代企业的自我创新尝试活动，而是指企业可以运用社会网络资源获得创新所需的稀缺资源。

国民经济的发展不仅需要大公司大集团的扩张，也需要得到众多中小微企业的支持。中小微企业对于我国克服国际经济危机的冲击，保持平衡较快发展，促进社会就业，保持社会政治稳定具有重要意义，它们是推动我国经济发展与社会进步不可或缺的重要力量。然而在银行偏爱国企及信用环境不佳等硬约束下，我国中小微企业面临着十分严峻的生存空间问题。相当多的中小微企业在初创期，或成长前期，或从创立期向成长成熟期过渡时就夭折了，主要原因之一就是缺乏一个能为中小微企业延续性地提供养分、渡过难关、不断突破所需资源的社会化途径。融资难、社会服务体系不健全、信息缺乏等问题一直困扰着我国中小微企业。虽然早在2002年我国就通过了《中小微企业促进法》，明确提出改善中小微企业经营环境、促进中小微企业健康发展，发挥中小微企业在国民经济和社会发展中的重要作用，但有些传统体制上的制约还未能从源头上得到根本性解决。在目前经济发展仍面临较大下行压力的大环境下，企业特别是中小微企业生产经营的困难更大一些。对中小微企业来说，很多时候它们的兴衰成败更多地取决于企业家或经营者通过社会关系获取知识的能力，因此如何建立社会关系网络，开发并利用社会资本，是企业成功的关键要素之一（朱晓霞，2008）。在中国"关系"情境下，社会网络对企业成长的作用可能大于西方契约理性式情境，中小微企业的成长更是与企业家个人社会网络积累的丰富程度休戚相关（朱福林和陶秋燕，2014）。建立在现代通信技术基础上的社会网络为我国中小微企业的成长提供了有效的资源整合模式。现在，企业发展能否成功很大程度上要看它能否在更大范围内整合企业外部优势资源，突破企业组织的有形边界进而优化企业资源（陈莉平和万迪昉,2006)。中小微企业基于社会资本内在的信任、规范及关系网络,可以利用社会资本降低资源禀赋、市场规模、创新周期等不利因素带来的负面冲击,增加知识存量、稳固市场供应关系与销售渠道以及提高融资效率,这些经营上的保障累积起来就能为企业尤其是中小微企业持续成长提供所需的能力与素质。

第二节 文献综述与理论假设

企业的成长性问题直接与经济增长和社会就业相关,一直是经济学、管理学和社会学者们关注和研究的重要课题。企业成长理论大致起源于20世纪50年代对大规模生产规律的研究,产生了著名的"吉布莱特定律",即企业成长是一个随机的复杂过程,影响因素庞杂,企业规模对其成长率并不具有十分显著的影响。Penrose 1959年发表的名作《企业成长理论》(*Firm Growing Theory*)以"不折不扣的理论"来研究单个企业的成长过程,建立了"资源—能力—成长"理论范式,奠定了企业成长理论。一是提出企业家能力的重要性,二是由于受熊彼特创新理论的影响,Penrose 也强调创新能力及其他人力资本对企业成长的重要性。20世纪八九十年代,以 Wernerfeltelt、Demsetz、Prahalad、Hamel、Grant、Barney 等为代表的"资源依赖理论"(Resource Dependent Theory, RDT)占据了重要地位。他们认为企业成长是企业所拥有的一系列专用性有用资源与新的投资活动的匹配问题,如果两者高度相关,就能给企业带来成长。我国学者杨杜(1995)提出了企业成长的"经营资源"观点,认为只有当生产要素被用来获得经济利益时才能成为经营资源,并在此基础上建立了企业成长性分析框架。尽管国内外学者从多个角度对企业成长因素、机制、周期与演化等进行了大量研究,但远未形成一个统一的理论体系,反而进入了一个所谓的"丛林"时代,企业成长目前仍是一个具有很强"黑箱性质"的问题(杨林岩等,2010)。但不管企业成长理论如何变迁,创新对企业成长的重要性一直都得到各界的认可。Grossman 和 Helpman（1994）认为，创新可以帮助企业及时把握市场机遇，有效提升成长绩效。但在"新竞争"环境下，企业的创新与成长很多时候依赖于外部资源对内部资源的有效补充与配合，借助网络关系获取与共享网络资源以寻求网络化成长，已成为复杂全球化商业环境下重要的企业成长方式与策略（邬爱其，2005）。因此，充分利用社会网络关系的一切有利于企业创新的外部资源将是未来企业持续成长的重要路径。

有关企业社会资本与创新的关系西方学者积累了丰富的实证与案例研究成果。Evan H. Offstein 等（2005）认为，内嵌于公司的独特的无形人力资本影响着公司竞争的路径，而公司的人力与社会资本尤其是高层管理人员的人力与社会资本对公司识别竞争环境，以及竞争的动机和能力具有促进作用。Liao 等（2005）在 Nahapiet 和 Ghoshal（1998）结构、关系与认知三个维度的社会资本研究成果的基础上，依据创业动态面板数据库发现创业者与非创业者之间的社会资本总量在这三个维度上并没有呈现显著差别，而是表现为社会资本不同维度之间的联合模式的不同。他们还发现初创型的科技型创业者比非科技型创业者具有更高的关系维度社会资本。Cainelli 等（2007）通过对积极开展创新活动的生物医学工业区进行研究发现，R&D 与关系或社会资本是协同促进创业绩效的，当这种协同性发挥了关键作用时，政策努力应该指向市场和非市场特征方面，而不应一味地认为创新生产是企业表现的独立因素，因为社会资本或关系的活力只有当创新投资机会成本足够低时才具有积极或互补的推进。Casanueva 等（2010）基于组织内部视角检验了个体社会网络关系中社会资本与个人创新的关系，发现通过关系获取资源的能力是提高个体创新的关键因素。Daskalopoulou（2013）基于旅游业网络联盟的选择本性分析考察了社会资本对创新的作用，通过对希腊旅游业跨行业数据的实证研究，发现公司的知识基础有助于创新活动，然而当考虑到潜在社会资本生成机制时知识基础对创新变量的解释力减弱。Gu 等（2013）以中国高科技公司 151 个团队的 585 名成员为样本，用心理安全和从错误中学习两个调节中介变量考察了 R&D

团队社会资本与创新的关系，得到这两个中介变量部分地调节了 R&D 团队结构及认知型社会资本与创新的关系，而完全地调节了关系型社会资本与创新的关系。Akhavan 和 Hosseini（2016）以伊朗多个公司 230 名受雇者的调查数据为样本，考察了 R&D 团队知识分享倡议者基于个体意愿的知识分享行为的产生机制与知识分享结果的因果关系。他们还运用部分最小二乘法进行了实证分析，发现社会互动合作联系（结构型社会资本）、信任、互惠及团队认同（关系型社会资本）与知识分享意愿具有显著关联，知识分享意愿也同样与知识分享行为显著相关，而成员的知识分享愿望影响团队创新能力。

在对社会资本与创新相关性达成共识的基础上，近年来学术界不断从社会资本的异质性特征如承载主体、不同维度等，或空间环境因素如调节变量、区域文化等方面关注了社会资本对创新的影响差异。国内学者们也做出了不少有价值的实证探究，如顾琴轩和王莉红（2009）的研究发现，人际互动网络规模和人际互动网络密度对创新行为产生显著的二次影响作用，其中科研人员人际互动网络密度的正向影响和负向影响更强；戴勇和朱桂龙（2011）以吸收能力为调节变量，依据对 94 家广东企业问卷统计的结果进行研究，发现社会资本与吸收能力分别对企业创新绩效具有显著影响，而吸收能力在社会资本与创新绩效之间存在着显著的调节效应；韦影（2007）基于吸收能力视角实证研究了不同社会资本结构维度对企业技术创新的影响；曾萍等（2013）采用动态能力为中介变量，以广东省 166 家企业的调查数据为样本，研究发现社会资本在动态能力作为完全的中介变量的情况下间接地促进企业创新，并分析了不同类型的社会资本（业务型、制度型及技术型）与调节变量协同作用的差异。

前述文献从多个方面对企业社会资本与创新的关系进行了论证，取得了很有价值的成果。但从笔者掌握的文献来看，关注社会资本强度作用于创新进而对企业成长产生影响的研究还有待加强。有关社会网络关系强弱的相关论述可追溯到 Granovetter（1982）划分的强联结和弱联结，他指出"弱关系中的强势"在于能提供异质性信息，不同于"强关系"中的同质重复信息，说明社会网络中的关系存在强度差异具有不同的功能效应。网络强度深刻地影响着企业间知识与信息等的传递效率，进而对企业获取应用社会网络中的创新资源产生影响。例如，Jack 等（2005）对苏格兰14个创业者进行了深度案例研究，得到创业者的强关系有利于促进商业活动的开展，创业者通过强关系不仅可以获取大量有用的信息和知识，而且维持与扩大强关系还能提高企业及创业者个人的声誉。他们还认为，虽然强关系有可能一直潜伏在创业的个人网络中得不到利用，但它有利于在某个更为广泛的社会网络中调用弱关系。但其研究基于国外背景且样本有限，结论还有待进一步探讨。国内的谢洪明等（2012）虽然提及了网络强度，但其却将社会资本当作影响网络强度与企业管理创新之间关系的调节变量。他们运用广东省科技型企业调查数据进行实证检验，但未能区分社会资本强度本身的不同对创新及企业成长的差异性影响。

  大量文献研究表明，高强度的网络联结可进一步缩短创新资源传递的平均路径，对企业从外部获取创新类资源、提高创新绩效具有重要促进作用（李文博等，2008）。然而在中国文化情境下，虽然有时候企业社会网络成员之间在单位时间内的接触频次很高，但并不意味着他们对实质性问题进行了探讨，可能只是在礼仪上对现存关系的维护或某种形式上的必需，因此这种高频接洽也并不一定存在有效知识与信息的交换与共享。只有当企业社会网络成员之间真正地合作（Problem Solving Cooperation）解决问题时，社会资本强度才具有实在意义。因此笔者以是否能产生实际效果来衡量是不是强的社会资本。频繁接触这种联系虽然能代表一定的社会关系，也在一定程度上蕴含着社会资本，但笔者认为只有当关系能真正解决企业实际问题时才能凸显出真关系或强作用。陈午晴（1997）基于日常话语中的"关系"一词，指出人与人之间的关系概念存在两重含义，一是不同主体之间某种性质所构成的状态（简称表象静态关系）；二是这些主体之间相互作用、相互影响所形成的状态（简称内在动力关系）。这两重含义从侧面指出人与人之间的接触有时是不具有生产性的，更多地表达了一种表面态度。然而这种表象式的嘘寒问暖有时也能转换为具有实际效果的社会资本，但可能需要一个渐近过程或突发冲击的催化。在这样一个前提下，若不区分强度而直接考察社会资本的功效显然是有失偏颇的。

第三节 数据整理

一、数据统计

本章企业问卷调查基于北京市教委课题"北京科技型中小微企业网络化成长机制及政策支持体系研究"设计并开展，主要面向北京市中关村科技园、朝阳区产业园、丰台科技园等八个产业园区的科技型中小微企业，经筛选最后共得到286份有效问卷。运用SPSS统计软件对调查数据进行描述性统计分析。从企业员工人数（见表5-1）及销售额（见表5-2）的累积百分比分布情况来看，此次问卷调查中中小微企业占到80%，符合考察目标。根据企业成立年份分布情况（见表5-3），2000年以前成立的共有79家，占到27.6%。在年销售额达到1000万元以上的企业中2000年以前成立的占比最大，达38%，超过其他年份段成立的企业数（见表5-3）。在101万~1000万元销售额范围内2006~2010年成立的中小微企业占比最多（见表5-4）。从社会资本角度来看，成立时间越长的企业在业务关系整合上通过"熟关系"更能降低交易成本，尽快获取稀缺资源与有效信息，从而提高企业绩效。另外根据表5-5可知，当销售额规模达到最高档时，企业性质为有限责任公司与股份有限公司的中小微企业的占比就越发突出。原因可能是，在目前体制下，资源有限的企业必须在能力建设与政治关系之间进行权衡（杨其静，2011）。国有企业坐拥现成的政策优势可自动获得大量优秀竞争资源，而民营企业不得不更依赖于企业家能动地拓展业务型社会资本及政府关系。因此，企业性质不同势必是造成企业社会资本存量或结构不同的重要控制因素。

表 5-1 企业现有员工人数分布情况

	数目（家）	有效百分比（%）	累积百分比（%）
小于 10 人	60	21.0	21.0
11~50 人	86	30.0	51.0
51~100 人	50	17.5	68.5
100 人以上	90	31.5	100.0
总计	286	100.0	

表 5-2 企业销售额分布情况

	数目（家）	有效百分比（%）	累积百分比（%）
小于 50 万元	59	20.6	20.6
50 万~100 万元	77	26.9	47.5
101 万~1000 万元	90	31.5	79.0
1000 万元以上	60	21.0	100.0
总计	286	100.0	

表 5-3 企业成立年份分布情况

	数目（家）	有效百分比（%）	累积百分比（%）
2000 年以前	79	27.6	27.6
2001~2005 年	61	21.3	48.9
2006~2010 年	98	34.3	83.2
2010 年至今	48	16.8	100.0
总计	286	100.0	

表 5-4 企业成立年份与销售额交叉分布情况

	数目（家）				总计（家）
	销售额小于 50 万元	销售额 50 万~100 万元	销售额 101 万~1000 万元	销售额 1000 万元以上	
2000 年以前	16	15	25	23	79
2001~2005 年	6	19	19	17	61
2006~2010 年	16	34	31	17	98
2010 年至今	21	9	15	3	48
总计	59	77	90	60	286

表 5-5　企业性质与销售额交叉分布情况

	数目（家）				总计（家）
	销售额小于 50 万元	销售额 50 万~100 万元	销售额 101 万~1000 万元	销售额 1000 万元以上	
有限责任公司	20	38	48	23	129
股份有限公司	4	15	17	22	58
合伙企业	14	5	12	5	36
个人独资	13	12	12	9	46
个体工商户	8	7	1	1	17
总计	59	77	90	60	286

二、变量测量

有关社会资本的测度量表众说纷纭，莫衷一是。本章主要考察社会资本强度，与以往文献做法不同的是，笔者设置了两个独立变量来分别代替高、低两个级别的企业社会资本。Granovetter（1973）曾用接触频数来界定关系强弱，每周接触至少两次以上被认为是强关系的象征，而每周少于两次但每年至少多于一次则为弱关系。姚小涛等（2008）认为，用接触频数定义关系强弱程度虽有一定道理，但显然有些简单化和主观臆断性，而且接触频数在一些情况下并不能说明任何问题。他们在测量关系强度时，按亲属、关系密切的熟人、关系一般的相识和其他关系依次递减的规律判断企业家的人际亲远。谢洪明等（2012）参考了 Dyer 等（2000）的研究成果，设置了六个题项。但以上这些测量无法获得两个代表不同级别强度的独立变量，都是一维概念。根据先前的文献研究思路，本章先以接触频次为着眼点设置了六个题项，分别考察企业与竞争对手、客户、供应商、政府、教育科研机构、协会及中介服务机构的接触频率，采取定序七级打分法，分数越高说明接触频率越高。然而，由于接触有时并无实质内容，所以如果企业能与各节点保持长期合作关系说明社会网络比较牢靠，意味着比单独的接触具有更高强度的社会资本，为此设置六个题目考察企业与这些节点的长期合作关系，采用李克特五分法，得分越高说明企业的社会网络关系或社会资本强度越高。由此，本章选用有关接触频率的题项考察企业低强度社会资本，而采用有关长期合作关系的题项衡量高强度社会资本。考虑到这两类题项仍只是强调了对网络关系的一种认可与感知，而未能包含对网络关系有利结果的体现，为进一步突出社会资本强弱之别，本章另设置了一个李克特五分法量表，包含四个题项：企业融资网络能力、企业集群化发展状况、产学研合作水平及企业间信息交流度，代表具有实际效果的社会资本高强度。

在相关研究中，学者们通常将企业创新分为技术创新和管理创新，并运用或借鉴相应的量表进行测量。但由于本章考察的焦点在于社会资本强度大小是否对企业创新以及企业成长具有显著影响差别，且中小微企业的创新能力受规模、人力资本等因素的制约不可能具有高产出性，因此本章仿照曾萍等（2013）的做法，将创新绩效即创新的结果作为企业创新的代替变量，其测量方法主要参考 Bell（2005）的研究，得到五个题项。在企业成长绩效的衡量上，学者们大多使用销售额、利润率或员工数量的增长这三类指标，但由于中小微企业成长受到企业规模、性质等方面异质性的影响，为尽量消除绝对测量方法的偏误，笔者设置了如"企业近两年相对同行销售收入增长情况"的相对业绩题项。另外，中小微企业发展过程中管理效率的提升是有关其持续成长的重要问题，为此笔者在量表中加入了组织管理效率的题项以全面衡量中小微企业的成长绩效。

第四节　实证研究

一、变量的因子分析和信度分析

采用 SPSS17.0 对企业成长和结果导向的社会资本强度进行 EFA 分析，

均采用特征根大于 1 的提取方式，发现它们都具有单维度特征，只提取到一个公共因子，KMO 值分别为 0.806 和 0.751（大于 0.7），各题项的载荷系数均大于 0.5（见表 5-6、表 5-7）。针对创新绩效的 EFA 分析可提取两个公共因子，根据测项的题义可发现公共因子 1 主要表达了从行业角度衡量的创新优势，公共因子 2 主要揭示了产品方面的创新地位，两者加起来累积已解方差达 67%，各题项载荷也达到合格要求，且信度系数（Cronbach's α）均在 0.8 左右（见表 5-6）。对关系向社会资本进行 EFA 分析时，高、低强度两种情况下各得到两个公共因子，各项效度与信度指标均达到接受程度，共同度、载荷及信度指标均满足超过各自阈值（见表 5-7）。各统计值表明本次问卷中针对变量的设计与结果具有一致性和可靠性。

表 5-6　企业成长和创新绩效的因子分析与信度分析结果

测项	因子载荷	因子命名	特征值（累积已解方差）	量表信度（Cronbach's α）
企业人员规模增长	0.685	企业成长（Growth）	2.648（52.97%）	0.775
销售额增长	0.814			
利润增长	0.777			
市场占有率增长	0.769			
组织管理效率改善	0.569			
大多数同行都知道我们的技术能力和产品	0.851	创新绩效 Inno1（行业地位）	2.939（36.522%）	0.81
其他企业经常通过我们进行技术交流	0.859			
同行经常希望我们提供新知识和新技术	0.788			
贵企业核心技术在同行业中属于先进	0.661			
企业创新意识与氛围	0.755	创新绩效 Inno2（产品创新）	1.754（30.52%）	0.791
与同类产品相比具有独创性	0.875			
贵公司新产品往往能开辟新市场	0.866			

表 5-7 企业社会资本的因子分析与信度分析结果

测项	因子载荷	因子命名	特征值（累积已解方差）	量表信度（Cronbach's α）
融资关系	0.792	高强度社会资本 Sc-h （结果导向）	2.361 (59.020%)	0.766
集群化发展	0.792			
产学研合作水平	0.820			
信息交流程度	0.659			
过去两年与供应商长期合作	0.886	高强度社会资本 Sc-h-1 （关系导向业务型）	3.297 (41.214%)	0.777
过去两年与主要客户长期合作	0.863			
过去两年与政府部门长期合作	0.815	高强度社会资本 Sc-h-2 （关系导向技能型）	1.951 (24.384%)	0.874
过去两年与行业协会（商会）长期合作	0.825			
过去两年与金融机构长期合作	0.743			
过去两年与高校科研机构长期合作	0.785			
过去两年与中介服务机构长期合作	0.768			
过去两年与竞争对手的联系频率	0.518	低强度社会资本 Sc-l-1 （关系导向业务型）	2.956 (36.955%)	0.793
过去两年与供应商的联系频率	0.884			
过去两年与主要客户的联系频率	0.866			
过去两年与政府部门联系频率	0.751	低强度社会资本 Sc-l-2 （关系导向技能型）	1.996 (24.946%)	0.807
过去两年与行业协会（商会）的联系频率	0.826			
过去两年与高校科研机构的联系频率	0.758			
过去两年与中介服务机构的联系频率	0.724			

二、企业社会资本与创新绩效差异性影响因素分析

同一文化背景下各个企业的社会资本量是不同的，而不同的社会资本

存量会造成不同的企业成长效应，因此社会资本存量差异化的影响因素也是学者们经常关注的。边燕杰和丘海雄（2000）从结构约束和企业家能动两个方面解释了企业社会资本存量差异的原因，按影响程度标准化系数大小排列为企业家行政级别、受教育程度、企业的所有制和所属产业类型。但他们对企业社会资本的解释有限，尚未对大部分方差做出解释。李垣等（2002）也指出企业家所处企业的所有制类型和产业类型是导致企业家获取资源、配置资源方式差异的原因。张维迎和柯荣住（2002）研究发现高等教育普及水平、市场化程度及交易频率、交通设施与城市化均对我国省际信用差异具有解释力。目前，针对不同企业社会资本量差异原因的分析还存在很大空间，到底是什么因素造成了同一社会环境下不同企业之间社会资本的差异还是一个不解的问题。对于亟须外部支持的中小微企业来说，社会资本存量的大小往往在一定程度上影响着其成长速度与程度。姚小涛等（2008）指出，结构约束特征与组织因素会影响企业对社会网络强弱关系的依赖程度，国有企业享受较多的制度保障具有资源配置的优势，私有企业在成长过程中更多地依赖较强的关系提供帮助，而新兴第三产业与传统产供销体系较稳固的零售、餐饮等行业则主要依赖弱关系成长。

  本章根据 EFA 分析结果得到不同维度的社会资本变量，将它们作为因变量建立多元回归模型分析企业因素对社会资本存量差异的影响。总体来看，这些模型回归的已解方差都不大，说明运用企业因素作为自变量对社会资本存量差异的解释还不够，可能是因为对中小微企业来说，企业经营更多地依赖企业主的个人决策，它们的社会资本也更多地依赖于企业家个人的社会网络关系，因此企业家的个体特质有可能是企业社会资本存量差异的重要影响因素，但本次调查未做相关题项，后续研究可将企业特征与企业家特质联合起来考察，可能会得到更高的解释力。从表 5-8 中七个模型回归估计系数通过显著性检验的次数来看，是不是高科技、人员数量、企业规模及企业性质均通过了 3~4 次显著性检验，说明相对于成立时间和研发投入（只通过 2 次）它们对企业社会资本的形成更具有显著的正影响。另外，企业规模对关系导向的低强度社会资本的形成具有显著正影响，但对关系导向的高强度社会资本的形成不具有显著的促进效应；是否高科技对关系导向的高、低强度的社会资本存量都具有显著正影响。可能是因为高科技公司面临技术更新、开发风险、应用不确定等风险，对网络化互助合作具有强烈的意愿和需求，而且中外科技产业发展实践表明技术联盟在高科技公司是一种司空见惯的现象。姜波和毛道维（2011）针对科技型中小微企业的研究发现，技术创新绩效对企业社会资本的强、弱关系均具有正向影响，说明企业的技术创新绩效有利于促进社会资本的形成。

表 5-8 企业社会资本存量差异化影响因素

变量	结果导向	关系导向					
		业务型（低-1）	技能型（低-2）	低强度	业务型（高-1）	技能型（高-2）	高强度
截距项	-0.176	-0.738	-0.933***	-0.816	-1.140***	-0.742***	-0.993
成立时间	0.139	0.159	0.071	0.010	0.180***	0.022	0.166*
高科技（是=1,否=0）	-0.027	0.317***	-0.037	0.243***	0.202***	-0.063	0.142***
人员数量	0.020	0.018	0.104	0.072	0.178***	0.195***	0.252***
企业规模	-0.060	0.136***	0.130***	0.185***	0.019	-0.014	0.009
研发投入	0.124***	0.034	-0.021	0.016	0.087	0.045	0.098*
所在行业	-0.024	-0.019	0.092***	0.036	-0.027	0.020	-0.014
企业性质	-0.031	-0.060	0.119***	0.016	-0.006	0.211***	0.101*
已解方差 R^2	0.143	0.456	0.227	0.412	0.440	0.259	0.415
D.W.	1.397	1.822	1.697	1.842	1.718	1.481	1.604
F 统计量	0.718	9.065	1.883	7.087	8.294	2.493	7.221

注：①除是否为高科技这一企业变量之外（已在表中标出），有关企业的其他控制变量均为点定序变量，其中，成立时间、人员数量、企业规模、研发投入这四个变量的定点取值越大，代表绝对数据越大。② ***、**、* 分别代表在1%、5%、10%的统计水平上显著。

应该注意到，中小微企业的社会资本很大程度上取决于企业家个人的社会网络人脉关系，因为社会对该企业的信任状况很大程度上取决于对企业家个人的信任状况，这一点与国有、事业单位大大不同，社会网络对国有、事业单位主管人员的信任有时是源自其组织属性，而且组织与个人之间的社会资本存在很大差别。因此不难发现，可能是由于人的个体特征因素未体现在模型中，所以表5-8中各模型的已解方差较小，说明单纯的企业因素在解释中小微企业社会资本存量差异时比较乏力，从而侧面增加了企业家个人特质对社会资本存量差异具有较强解释力的可能。

三、社会资本强度及创新绩效与企业成长的假设关系验证

结构方程模型（Structural Equation Model，SEM）是近几十年以来统计与计量领域发展最为迅速的一个分支技术，之所以受到学术界的青睐在于其融合了因子分析（Factor Analysis）及路径分析（Path Analysis）。在对中小微企业成长、创新绩效与社会资本强度进行探索性分析之后，笔者采用AMOS17.0.2软件进行数据检验，并建立结构方程模型对理论假设进行验证。SEM分析框架中包含两类变量，一是观测变量，通过问卷调查得到，用长方形表示；二是结构变量，即无法直接观察的变量，又叫潜变量，在模型路径图中用椭圆形表示。具体见图5-1~图5-3，其中Sc、Inno和Growth分别代表社会资本强度潜变量、创新绩效潜变量和企业成长潜变量。根据研究假设与前述理论铺垫，图5-1展示了结果导向的高强度社会资本与创新绩效、企业成长之间的路径关系，该模型的拟合度指标χ^2/df（标准卡方值）为3.525，大于3但小于5，考虑到结构方程模型的评价是一个复杂问题，不同拟合指标评定的侧重点不同，应以多个指标进行综合评价（吴明隆，2010），所以对模型1进行调整。调整后的模型1的可决系数AGFI达0.837，而且RMSEA小于0.1，因此综合来看模型1的整体适配度指标在可接受范围内。结构方程模型2和模型3的标准卡方值分别为2.56和2.935，均小于3，其他模型指标也都相当良好，说明这两个结构方程模型的拟合度较高。总体来说，三个模型在不同程度上都通过标准，说明模型中的显著性路径及因果假设可以得到检验（具体见图5-1、图5-2和图5-3及表5-9）。

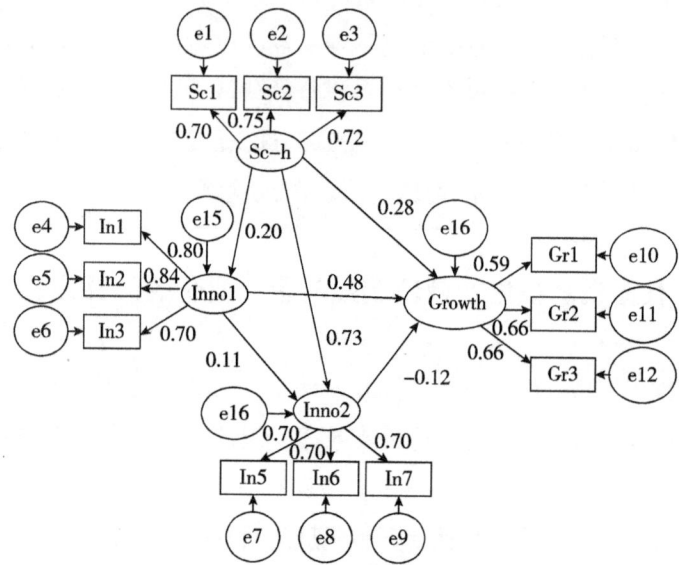

图 5-1 结果导向高强度结构方程模型 1

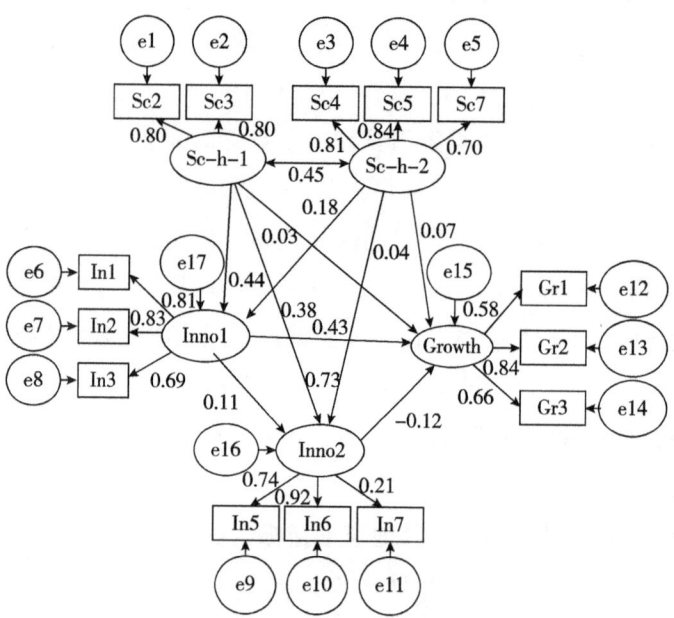

图 5-2 关系导向高强度结构方程模型 2

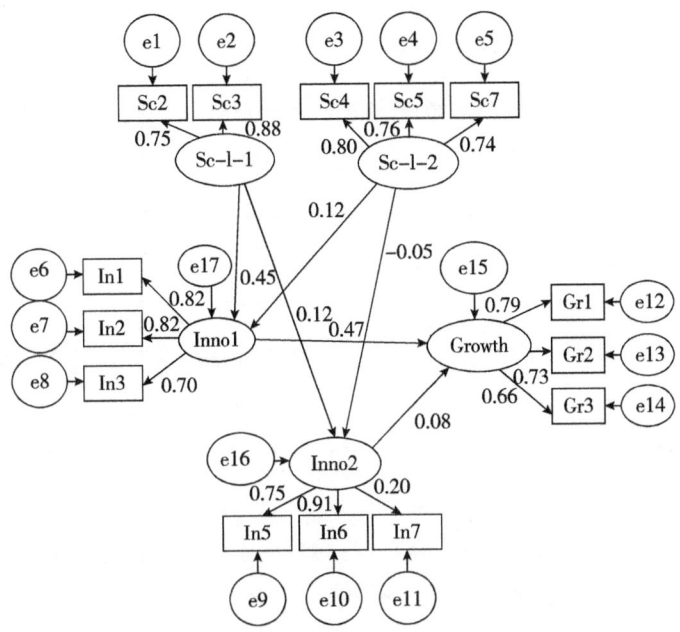

图 5-3 关系导向低强度结构方程模型 3

表 5-9 模型拟合度指标分析

拟合指标	χ²/df	GFI	AGFI	RMSEA	NFI	CFI	PNFI	PCFI
结构方程模型 1	3.525	0.918	0.867	0.078	0.868	0.900	0.534	0.554
结构方程模型 2	2.560	0.928	0.889	0.061	0.887	0.926	0.591	0.617
结构方程模型 3	2.935	0.904	0.852	0.068	0.861	0.901	0.574	0.601

首先，结构方程模型 1 检验了结果导向的高强度社会资本与创新绩效对企业成长的关系。从中可以发现该社会资本（Sc-h）对创新绩效（Inno1 和 Inno2）和企业成长（Growth）均具有显著的直接性正向影响，对创新绩效的标准化路径系数分别为 0.20（p<0.10）和 0.73（p<0.05），对企业成长的标准化路径关系为 0.28（p<0.05）；Inno1 对企业成长（Growth）具有显著正影响，标准化路径系数为 0.48（p<0.001），而 Inno2 与企业成长负相关，未通过 p 值检验。其次，结构方程模型 2 给出了关系导向的高强度社会资本的影响情况。具体来看，关系导向的 Sc-h-1 对创新绩效（Inno1 和

Inno2) 具有显著正向作用，标准化路径系数为 0.44（$p<0.001$）、0.38（$p=0.071$），Sc-h-2 对 Inno1 具有正向促进关系，标准化路径系数为 0.18（$p<0.001$），Sc-h-2 对 Inno2 的影响关系未能通过显著性检验。关系导向的高强度社会资本（Sc-h-1 和 Sc-h-2）对企业成长的直接影响也未得到显著性检验支持。Inno1 对企业成长具有显著正向影响［标准化路径系数为 0.43（$p<0.001$）］，Inno2 对企业成长未展示出显著影响关系。最后，结构方程模型 3 给出了关系导向的低强度社会资本的影响情况，只检验出两个显著影响关系，一是关系导向的 Sc-l-1 对 Inno1 具有显著正向影响，标准化路径系数为 0.45（$p<0.001$）；二是 Inno1 对企业成长具有显著正向影响，标准化路径系数为 0.47（$p<0.001$）。

从图 5-1～图 5-3 路径关系中还能发现，不同强度的社会资本均是通过 Inno1 来间接影响企业成长的目标。具体来看，在模型 1 中，社会资本的间接影响效果为 0.096（0.20×0.48）；在模型 2 中，Sc-h-1 和 Sc-h-2 的间接影响分别为 0.189（0.44×0.43）、0.161（0.379×0.426）；在模型 3 中只有 Sc-l-1 具有显著间接影响，为 0.212（0.45×0.47）。在社会资本通过促进创新进而促进企业成长这一机制中，结果导向的高强度社会资本表现不如关系导向的高强度资本，而关系导向的高强度社会资本表现不如关系导向的低强度社会资本，这在一定程度上响应了"弱关系的强势"假说（Granovetter，1973）。

综合来看，结果导向社会资本的直接影响程度要大于关系导向社会资本，这提示企业在有意识地构建企业社会资本时应注重实效，尽量搜寻能给企业带来企业成长实际结果的社会资本。但也不能忽视关系导向的低强度社会资本，因为这些网络关系可能会带来异质性知识、信息与技术，从而对创新与企业成长产生积极的间接影响。因此，企业应根据自身需要及业务特征在两种不同社会资本的投资之间进行资源与精力的合理分配。另外，观察创新绩效两个公共因子 Inno1 和 Inno2 的影响关系取向，发现公共因子 Inno1（代表行业地位）参与的结构方程模型中的显著影响路径关系数量明显大于 Inno2，可以看到以行业地位衡量的企业创新绩效因子 Inno1

在本次验证过程中表现比较活跃，Inno2 对企业成长的影响关系未得到本次验证性分析的显著性支持，可能说明就本章研究的中小微科技型企业样本来看，内部产品创新需要达到提升行业创新地位的程度才能使企业成长，单纯的"闭门造车"可能也无济于事。

四、进一步验证探讨

前一小节的验证分析发现创新绩效公共因子 Inno2（产品创新）与企业成长（Growth）在不同社会资本强度下均未产生显著性路径关系，但通过在模型中增加 Inno2→Inno1 的路径指向关系，发现社会资本强度的不同会引起企业成长对创新绩效依赖程度的不同。我们首先在结构方程模型 1（结果导向的高强度）中增加这一路径，发现 χ^2/df、GFI 和 AGFI 等关键性拟合指标保持不变，Inno2→Inno1 的路径关系仍未通过显著性检验，说明产品创新 Inno2 的影响作用仍不显著，但 Sc-h→Growth 这个直接性的路径依然通过 5% 显著性检验，说明如果一个企业的社会资本强度越高，意味着它们越能通过社会网络关系获得企业成长，但也意味着在企业产品创新方面投入不足。

在结构方程模型 2 中增加 Inno2→Inno1 的路径，得到标准化路径系数为 0.512（p<0.001），说明当社会资本强度由结果导向转向关系导向、社会资本强度减弱时，产品创新（Inno2）的影响程度得到加强，但此时社会资本（Sc-h-1 和 Sc-h-2）对企业成长的直接影响关系不显著，说明当企业不能单纯通过社会网络关系获得市场绩效时就必须通过产品创新达到行业领先地位从而实现成长。需要指出的是，在模型中增加这一路径后，χ^2/df 有所增大，为 3.693，但仍小于 5，而且 GFI（0.881）和 AGFI（0.809）等关键性拟合指标均达到 0.8 以上，说明拟合效果较好。在结构方程模型 3 中增加同样的路径关系，发现当社会资本强度由"关系强资本"转至"关系弱资本"从而变得更弱时，Inno2 也可对 Inno1 产生正影响关系，标准化路径系数为 0.208（p<0.05），而且 χ^2/df（2.890<2.935）、GFI（0.910>

0.904）和 AGFI（0.855>0.852）等关键性拟合指标均得到提高，同样社会资本对企业成长的直接影响关系不显著。再一次验证了这样的推论，当企业无法通过社会关系获得成长时就必须通过加强产品创新绩效来实现成长。在这种架构下，产品创新（Inno2）通过影响创新绩效的行业地位（Inno1）可间接正向影响企业成长，在模型 2 中这一间接路径关系系数为 0.219（0.51×0.43），在模型 3 中则为 0.084（0.21×0.40），前者大于后者，说明在关系导向的社会资本下强弱程度的不同会导致产品创新绩效对企业成长间接性影响的效果不同，表明企业的产品创新仍需得到一定社会资本强度的支撑，一定强度的社会资本能帮助企业获得更多的社会创新资源与机会，从而通过产品创新较好地实现内部能力与外部市场的匹配，很明显，一个企业如果既有社会资本又有产品创新，那么它的成长绩效绝对不会差。

第五节 结论与讨论

本章以社会资本理论和企业成长理论为立足点，兼顾"关系"具有表象与实质二重性，从社会资本强度视角构建了一个分析框架，对不同强度下社会资本、创新绩效及企业成长之间的多重路径依赖联系进行实证研究。关系在中国是一种重要的文化和社会现象，对企业的生存、运营和成长都会产生深远的影响，但企业受结构与组织约束对社会关系的依赖是不同的（姚小涛等，2008）。关系有生熟之分，联系有松紧之别，从而造成社会关系网络蕴含的社会资本也存在强度上的差异，是高强度的社会资本有利于企业创新和企业成长还是低强度的社会资本更有效？本章基于 200 多家科技型中小微企业的数据进行实证分析，揭示了影响社会资本差异的企业方面的因素并对调查问卷题项进行探测性因子分析。笔者得到的具有强度差别的社会资本潜变量有：结果导向的高强度社会资本、关系导向的高强度社会资本以及关系导向的低强度社会资本，结合创新绩效潜变量及

第五章　社会资本强度导致创新绩效与企业成长差异

企业成长潜变量构造结构方程模型。从中可以看出，社会资本强度的不同会影响其对企业绩效的影响路径。结果导向的高强度社会资本对创新绩效与企业成长均具有直接与间接性正影响，社会资本较高导致企业成长对产品创新的依赖程度降低，这可能也是一种理性选择的结果。关系导向的社会资本不管强度如何对企业成长都呈现出直接性与间接性的正向影响关系，此时产品创新（即创新绩效公共因子2）可通过影响创新绩效公共因子1从而间接影响企业成长。但必须指出的是，不同强度情况下社会资本的间接正向影响主要是通过影响创新绩效公共因子Inno1（行业创新地位）来实现的。虽然本次验证未能检查出创新绩效公共因子Inno2（产品创新）对企业成长的直接影响路径，可能是因为产品创新需要达到具有一定行业地位的程度才能具有显著的企业成长功效，达不到行业竞争水平的内部产品创新的作用有限，但发现在低强度社会资本情境下产品创新（Inno2）可以通过正向促进行业创新地位（Inno1）对企业成长产生正影响，从而说明在社会资本强度有限的情况下创新绩效的作用会加强。

但有两点需要特别提出来，一是本章所讲的社会网络关系、社会资本是指企业在经营过程中与所交往的客户、业务伙伴、高校科研机构及中介服务机构的关系，与行贿、腐败等灰色地带的权钱交易关系不同，不合法情况下不正当的"超级关系"会损坏社会的公平正义，不利于一个民族、国家培养企业核心竞争力，同时也与单纯的人际交往存在一定区别，主要强调企业行为属性上的社会网络关系，对于之前对企业家个人社会资本的研究是一种补充。二是虽然社会资本能为企业提供一些专属性的资源与信息，但并不能想当然地认为拥有了社会关系就必然能获得企业成长，真正提高竞争优势还需提升企业组织管理效率，而企业内部能力与素质的提高很可能会吸引更多的社会网络关系。而且社会网络提供的资源能否转换成企业的经营资源并对提高企业竞争优势有益也依赖于企业的组织与整合能力。因此，对于企业来说，通过社会网络关系摄取必要资源，并通过完善组织创新效能来成长是目前激烈的市场竞争环境下企业成长的路径，这个路径对科技型中小微企业的成长来说尤为关键。

第六节　本章小结

将企业成长问题与创新、社会网络关系联系起来,可以发现社会资本存在强度区别并具有不同的企业功效。基于对北京市 200 多家科技型中小微企业的调查数据,运用探测性因子分析、多元回归及验证性分析方法,就企业社会资本强度与企业创新绩效及成长之间的影响路径、依赖关系进行实证研究。主要结论有:高强度的社会资本对产品创新动力形成一定挤压或替代,当社会资本强度不高时,创新绩效对企业成长的影响关系变得显著;企业内部产品创新通过提升该企业的行业创新地位而正向作用于企业成长;社会资本通过创新绩效对企业成长具有显著正影响。

第六章

社会资本与中小微企业成长的关系研究
——以深圳市中小企业板上市公司数据为例

第一节 研究背景

社会资本（Social Capital）作为一项重要的"非正式"制度安排，对经济增长及企业竞争优势的源泉给予了补充性解释。正如福山（1998）明确提出，新古典经济学理论对现实的诠释在大部分场合仍然有效，但只达到"百分之八十"，另外"百分之二十"的缺憾需要文化或信任来补充。在一大批社会资本理论大家（布迪厄、科尔曼、林南、格兰诺维特、普特南、福山等）的关注下，社会资本发展成当前学术领域中较具潜质和挑战的概念。其实，有关社会资本的思想由来已久，其正式提出是经济社会学不断发展的结晶，后受到管理学及其他社会科学的扩充而逐渐丰富，产生了一系列新型的社会资本概念，国外有些学者也称之为"关系资本"（Relational Capital）。

改革开放之后的体制突破使中国在社会结构方面产生了一个新现象，即私营企业家群体崛起。在这一复杂、多属性的私营企业家群体中，中小微企业主占大部分比重，它们不仅在创造就业和 GDP 的经济过程中发挥着不可替代的作用，也对社会其他方面（政治、文化及阶层等）产生了重大"非物质"影响。在此背景下，肩负重大责任的中小微企业的成长性问题自然受到全社会重视。关于企业成长理论，国内外学者，尤其是西方学术界，已做出大量非常有见地的研究，观点之多，呈现出"成长丛林"现象。早在1890年，马歇尔就在其名著《经济学原理》（Principals of Economics）中提出企业家精神作为一种投入要素，甚至是最重要的资源，参与利润分配无可争议。考虑到中国企业成长"乡土"环境，私营企业家们的领导特质或异质性能力往往在企业创建及成长过程中扮演着关键作用。探寻社会资本与企业成长的内在关系成为目前经济社会学的一个热点。之前一些研究还较少关注社会资本对中小微企业成长的影响机制这一问题，本章旨在通过选择一些能代表社会资本的显性指标，考察其是否对企业成长存在促进作用。

第二节 理论解析

党的十八届三中全会《中共中央关于全面深化改革若干重大问题的决定》指出，"经济体制改革是全面深化改革的重点，核心问题是处理好政府与市场的关系，使市场在资源配置中起决定性作用和更好地发挥政府作用"。实际上，中国的市场化改革就是国家行政权力在经济活动、社会组织及社会生活等方面的控制范围与程度不断缩小、放松的过程。上述文件内容，一方面显示出国家全面改革的坚定决心，另一方面也恰好说明目前有些领域仍处于政府与市场双重机制并行的矛盾与变化之中。在这种状况下，国家行政权力和市场之间存在许多无法有效控制的交换关系（李璐璐，1995）。

在许多跨文化研究中，华人社会往往被认为是低信任度社会。这种低信任度对社会和经济的损害是显然的，它使交易成本急剧增加，社会分工受阻，并将长期影响一个地区的经济发展（张维迎，2002），而构建专属社会网络和积累社会资本，可大幅降低信任风险并确保信息及企业情报的真实性。当代信息的作用已无可置疑，企业家关系网络不仅能为企业成长提供非正式渠道信息，也能提供重大正式信息。正如以血缘为纽带的宗族网络提供了一种社会保险，为其成员的劳动力流动提供保障（郭云南和姚洋，2013）。"人情"社会资本是市场化力量还未促成契约型社会情况下的一种理性策略。

第六章　社会资本与中小微企业成长的关系研究——以深圳市中小企业板上市公司数据为例

第三节　资料与假设

为检验社会资本在中小微企业成长中是否发生过积极作用，本章采用抽样方法采集了42家深圳中小企业板上市公司的数据进行研究。由于上市公司的数据比较规范，因此研究结果具有较强说服力。所有数据均来自作为第三方运营商的巨潮资讯网中小微企业信息披露平台及网络搜索，为确保数据准确性，笔者对这些数据进行了整理。由于社会资本的衡量在现实中受到局限，因此本章主要从企业董事长及高管特质的角度分析企业的社会资本。本章采用边燕杰（2000）的假设，即企业家的教育程度越高，企业的社会资本量可能越大。另外，企业董事长的年龄、工作年限等也是衡量其社会资本的重要指标。截至2013年10月底，深圳中小企业板上市公司701家，平均市盈率（Price to Earnings ratio，P/E）为32.18，它们是中国中小微企业当中的成长榜样。样本选取的具体方法为：先以每股收益为标准进行排名，取前60名，然后去掉市盈率过高（接近或超过100）及数据不全的企业，最后剩下39家，样本率5%以上，达到人文社会学科研究的要求。

总体来看，中小微企业家样本总体的平均年龄为52.7岁，唯一的"80后"是二代接班，为广宇集团。男性占绝对主导，男女比为38∶1。从其年龄结构来看，到2013年董事长们的工作年限占其生命比重平均达57%。有些早期创业者的这一比重更高，甚至超过70%。对于具有企业家潜质的人来说，工作时间往往与经验和人脉厚度正相关。另外从中小微企业家的学历结构来看，大专及硕士学位的占比分别为30.6%与38.9%。高等教育的熏陶与长期经验的积累是这一批企业家们身上明显的特质（见表6-1、表6-2）。这两项合在一起可以更好地帮助企业家建立必要的社会网络并带来有利于企业的社会资本，比只有单独一项更具张力。一般情况下，建立在学历基础上的长期经验可以增强企业家的信任度，而信任可以带来经济繁荣的社会资本。据此，提出假设：

H1：董事长的年龄和学历有助于提高企业家社会资本变量进而对企业成长具有正影响。

表6-1 中小微企业董事长年龄结构分布

出生年份	1951年以前	1951~1960年（含）	1961~1970年（含）	1971~1980年	1980年以后
人数（比例）	4（9.5%）	17（40.4%）	18（42.8%）	2（4.76%）	1（2.3%）

表6-2 中小微企业董事长学历构成比例

特征	大专	本科	硕士	博士
比例	11（30.6%）	8（22.2%）	14（38.9%）	3（8.3%）

注：扣除"无显示"及"EMBA"，样本数为36。

表6-3 上市中小微企业高管团队特征

特征	男	女	大专	本科	硕士	博士
比例	83%	17%	24%	39%	22%	6%

在高管规模方面，39家中小微上市企业高管数目的平均规模为16.5人，最大值为25名，为天原集团和中国海诚；最小值为11，为帝龙新材。根据高阶理论，董事一般具有宽阔的视野、丰富的信息及高层次的社会关系网络。因此，高管规模在一定程度上也代表着企业社会资本量。另外，资料表明：具有高学历（硕博）背景的董事长所带高管团队的学历层次比低学历（大专）背景董事长所带的高管团队要高。总体上来看，基于不同的信任角度，董事长习惯聘用与其学历背景相近的高管，两者虽并不存在非常强的相关性，但大致情况如此。在所有高管中，独立董事的学历普遍高于业务型高管。高管整体的存在为企业带来了更多的社会网络关系，使上市企业的动作空间扩大，成长预期增强。在性别方面，样本显示男性高管占据绝对优势，女性高管的占比虽然也达到17%（见表6-3），但占据核心实质岗位的比例偏小。从而，有如下假设：

H2：企业高管规模（人数）及其学历有助于企业社会资本的增加，并进而对企业成长施加积极正影响。

第四节 实证分析

一、相关性检验

目前，国内外大多数研究以销售业绩为企业成长性衡量指标，考虑到中小微企业上市公司的情况及数据可得性，本章将净利润（Profit）和市盈率（PE）作为企业成长指标，而社会资本自变量分别由企业家年龄、工作年限、学历，以及高管团队规模、学历结构来代表。一般来说，企业的社会资本有助于企业成长目标的实现。从相关系数矩阵中可以发现：企业家年龄与成长指标正相关，分别为 0.352 和 0.221；企业家工作年限与净利润（Profit）的正相关关系比较显著；高管团队的学历与企业净利润的正相关比较显著，达 0.770；由于一生时间有限，学历与工作经验之间存在一定冲突，因此企业家年龄与工作年限表现出负相关（-0.924）（见表6-4）。从实证角度看，由于各变量之间存在显著多重相关性，因此运用部分最小二乘法估计出的系数优良性要好于普通线性回归。

表6-4 变量相关性检验

变量	企业成长		相关系数				
	Profit	PE	1	2	3	4	5
Profit	1						
PE	0.680*	1					
1. 企业家学历	0.811	0.584	1				
2. 企业家年龄	0.352*	0.221*	-0.924*	1			

续表

变量	企业成长		相关系数				
	Profit	PE	1	2	3	4	5
3. 企业家工作年限	0.473*	0.408	0.473	-0.924	1		
4. 高管团队规模	0.640	0.978*	0.640*	0.978**	0.725	1	
5. 高管团队学历结构	0.770*	0.652**	0.412	0.347	0.727**	0.320	1

注：*、** 分别表示在5%和10%统计水平上显著。

二、PLS 原理

部分最小二乘法最早由瑞典化学家 Wold（1972）提出，他提供了一种多对多线性回归建模方法，国内也有不少学者称其为偏最小二乘法。PLS 在因子分析与多元回归一体的实证分析中十分适用，特别是当两组变量（因变量与自变量）的个数很多，且都存在较强的多重相关性，而样本量又较少时，用部分最小二乘法回归模型具有传统经典回归分析（MLA、PCR 等）等方法所没有的优点。其思路为先从因变量 Y、自变量 X 中分别提取线性无关（即相互独立）的成分 $u_r(r = 1, 2, \cdots)$ 和 $t_r(r = 1, 2, \cdots)$，即各自潜在变量，要求最大限度反映原变量的变异信息及最大化两组潜在变量的协方差；然后建立这些潜在成分与因变量及自变量的回归方程，同时要求 t_r 和 u_r 相关程度达到最大；最后通过迭代法不断提取残差中的富余信息，如果因变量与 $t_r(r = h)$ 的回归方程已达到满意的精度，则算法中止。PLS 模型的优势在于主成分的确定既保证了成分对系统的最强解释力，又克服了变量之间的多重共线性问题。

三、PLS 回归结果

利用 39 家深圳市中小企业板上市公司数据建立 PLS 模型，由于篇幅

第六章 社会资本与中小微企业成长的关系研究——以深圳市中小企业板上市公司数据为例

有限,在此不列出具体的权重与负荷量,只展示最终的回归结果。潜在变量的模拟符合模型要求,PLS通过调整后R^2的大小确定模型的拟合程度。模型中的控制变量为董事长性别。由于标准回归模型缺少对潜在变量的提取,所以在模型里未能模拟出代表社会资本与企业成长的潜在变量,而PLS模型正是结合探测性因子分析原理,通过提取显性变量中的潜在因子再进一步观察其变异信息与关系,很好地满足了本书对实证方法的需求。

首先,对中小微企业成长与企业家特质进行分析(模型a),调整后的可决系数达0.878,说明模型自变量与因变量之间存在方程关系。从PLS回归结果看,企业家的年龄与企业净利润呈正相关关系,而与市盈率之间为负效应。可能是因为公司净利润的实现更依赖于企业家本人特质,而市盈率受整个宏观经济与政治等系统性风险的影响较大,对企业家个人所能施加的影响十分有限。但令人不解的是,净利润及市盈率与工作年限的系数为负,这一点与理论直觉存在出入。需注意的是,PLS在回归运算过程中,将企业家学历资本(受教育年数占有效生命比值)逐一展示,未能取得统一系数,但从中可以看出当这一比值很小时,与企业净利润呈负相关关系(-2.564、-5.224、-8.407、-9.594、-1.775),随着比值加大,其相关关系逐渐偏向正效应,但未取得一致,过大时对净利润与市盈率也不利。基于以上讨论,本章认为企业家的各种特质结合在一起才能发挥出最大能量,从而支持企业成长,单独某一因素不足以解释其领导的企业为何能取得成功(见表6-5)。

其次,分析中小微企业成长与高管特征的PLS回归结果(模型b)的累积方差为0.711,调整后的可决系数为0.667,基本通过验证。由模型b发现,高管规模未能展示出对企业成长的积极效果,原因可能是在目前中国中小微企业的运营仍处于非常强的个人领导决策阶段,当高管人数的增加超过企业潜在的领导规模时反而会形成一种掣肘。同时,高管团队学历结构对企业成长业绩的影响未能取得一致的主效应结果,因此针对每个选项都有一个系数。大致规律为,高管团队的学历偏低或过高时,对企业净

表 6-5　企业家社会资本与企业成长（模型 a）

自变量	因变量		自变量	因变量	
	Profit	PE		Profit	PE
常数	16.390	131.908	[Degree=0.45]	4.037	-17.759
[Degree=0.18]	-2.564	42.305	[Degree=0.48]	-6.243	-21.080
[Degree=0.19]	-5.224	-8.832	[Degree=0.50]	-2.696	-35.456
[Degree=0.25]	-8.407	7.129	[Degree=0.52]	0.994	-35.868
[Degree=0.29]	-9.594	-5.049	[Degree=0.53]	-12.314	-6.902
[Degree=0.30]	-1.775	-8.905	[Degree=0.54]	-6.811	-20.221
[Degree=0.31]	4.809	-10.603	[Degree=0.56]	2.015	-12.803
[Degree=0.33]	10.839	-18.734	[Degree=0.58]	-6.984	-27.415
[Degree=0.34]	-8.030	-16.565	[Degree=0.60]	-1.149	-75.025
[Degree=0.35]	-6.953	-9.278	[Degree=0.63]	-7.242	-17.702
[Degree=0.37]	-0.365	-26.393	[Degree=0.65]	11.760	-16.539
[Degree=0.38]	2.279	-5.637	[Male=0.00]	7.645	13.643
[Degree=0.39]	11.268	-29.150	Age	0.028	-0.757
[Degree=0.40]	-9.693	-19.028	Work	-8.949	-82.189
[Degree=0.42]	9.316	1.903			
[Degree=0.43]	-1.775	6.041			
[Degree=0.44]	3.482	-19.397			

注：在此次回归中，因变量为代表企业成长的 Profit 和 PE，Degree 代表企业家学习年龄与有效生命的比值，Age 代表企业家实际年龄，Work 为工作年限。Age 和 Work 两个自变量出现的综合系数因受教育年限与生命占比这一自变量无法经 PLS 回归出综合系数，所以结果展示成每一个情况对应一个系数，这是 PLS 不同于其他回归的地方。

利润和市盈率的影响都为负，而具有本科及硕士学历的高管与企业成长的正效应频率较高，说明随着知识社会的到来及实际绩效压力的增大，学历的选择也存在理性区间，太低满足不了社会进步的需求，过高也未能产生实际效应（见表6-6）。

表 6-6 高管社会资本与企业成长（模型 b）

自变量	因变量		自变量	因变量	
	Profit	PE		Profit	PE
常量	19.919	53.911	[Huniv=2.00]	-1.339	17.724
[Hcoll=0.00]	2.536	-0.315	[Huniv=3.00]	-2.084	-3.454
[Hcoll=1.00]	4.565	5.858	[Huniv=4.00]	-5.472	-13.921
[Hcoll=2.00]	-1.114	22.034	[Huniv=5.00]	-1.743	-7.057
[Hcoll=3.00]	-3.303	2.718	[Huniv=6.00]	7.092	1.405
[Hcoll=4.00]	-2.532	4.208	[Huniv=7.00]	-5.145	5.440
[Hcoll=5.00]	4.573	-1.070	[Huniv=8.00]	2.593	16.560
[Hcoll=6.00]	0.155	-14.872	[Huniv=9.00]	-7.139	-16.816
[Hcoll=7.00]	8.183	-3.028	[Huniv=10.00]	8.102	7.046
[Hcoll=8.00]	-2.741	-6.933	[Huniv=11.00]	13.869	16.128
[Hcoll=9.00]	-3.385	8.387	[Huniv=12.00]	-2.857	7.452
[HpostG=0.00]	0.082	-12.823	[HDor=0.00]	-1.251	4.918
[HpostG=1.00]	-0.698	-3.888	[HDor=1.00]	-3.308	-1.192
[HpostG=2.00]	-2.481	-3.440	[HDor=2.00]	-5.111	-17.777
[HpostG=3.00]	2.087	2.595	High	-0.346	-1.255
[HpostG=4.00]	-1.743	15.463			
[HpostG=5.00]	1.483	-0.922			
[HpostG=6.00]	-0.011	1.055			
[HpostG=7.00]	-5.503	-12.083			
[HpostG=8.00]	9.065	1.935			

注：因变量为代表企业成长的 Profit 和 PE，Hcoll、Huniv、HpostG 及 HDor 分别代表高管团队中的大专人数，本科人数、硕士人数及博士人数，High 为高管团队规模。考察了企业业绩与高管团队主要特征指标的关系。其中，高管规模的主效应存立，因此有一个综合系数，但高管团队的学历未能产生统一系数，所以每个情况对应一系数。

第五节 观点与探讨

鉴于"关系"在中国社会及经济生活中的重要性,本章尝试从经济社会学角度,探索社会资本在中小微企业发展过程中的作用。通常情况下,企业成长的主要外显特征就是利润增长,所以本章以净利润及市盈率代表企业成长。但目前社会资本的测量还存在很大不确定性,为了实证研究能进行下去,本章以企业家年龄、受教育程度、工作年限及高管团队规模、学历结构为企业社会资本的参照物。这种代替可能存在商讨余地,但是社会学研究中也经常运用,况且这些因素也确实能代表企业一定的社会活动能力,因此暂用之。实证研究结果显示,企业家的年龄与中小微企业成长为正相关关系,说明在一定历史时期,企业家年龄(代表着时代机会)对公司的创业及成长起着第一位作用。但在本次实证中未能发现工作年限对企业成长有积极效应。可能是由于工作年限并不是一个很确定的代表本人经验的定量指标。企业家学历在此次验证中未能取得一致性综合系数,说明基于学历上的社会资本效应因企业不同而有差别。但一般情况下,在社会发展速率及知识更替不断加快的背景下,企业的技能与知识资本发挥着重要的作用。在高管团队与企业成长的实证分析中,单纯的高管团队规模对企业成长未能形成积极的效应,而高管团队学历结构也表现出不一致的系数特征,呈个体效应较强局面。

从 20 世纪 90 年代开始,受国外社会资本理论研究兴起之影响,中国社会中社会资本与企业成长的关系一直受到学者们的关注。但由于社会资本概念仍在发展且对它的测量仍是一个非常有挑战的领域,因此实证研究可能大都是强调"大象的某一面"。本章也是从某一面对此展开研究,指标的选取与过往研究一样采取了简易化处理,虽然离社会资本的科学定义还有差别,但企业家年龄、学历及高管团队规模等指标似乎也能在一定程度上代表一个企业的社会资本存量。然而,随着社会资本理论及社会网络分析方法的发展，之后将会出现更好的衡量指标，后来的研究将更具说服性。

第六节 本章小结

基于中国人情社会，从社会资本（Social Capital）角度探求中小微企业成长因素成为众多学者关注的研究热点。本章选取深圳市中小企业板39家上市公司的数据，以净利润及市盈率为企业成长因变量，企业家年龄及学历构成社会资本变量，兼顾企业高管特质指标，运用部分最小二乘法进行实证检验，发现以年龄为代表的社会资本对企业成长具有正向相关关系，而企业家的工作年限与学历却表现不佳，高管团队特质对企业成长也未能展示出明显积极的作用。

第七章

在孵企业社会资本与创新绩效的关系

第一节 研究背景

2016年底,中国孵化器数量高速增长。为了响应国家"大众创业、万众创新"的号召,公益性孵化器、大学科技园和企业孵化器如雨后春笋般涌现出来,引起了创业者和学术界的广泛关注。创业者缺少知识经验和资源,其所创企业入驻孵化器后能够快速成长,获得更高的创新绩效。然而,非营利性的国有孵化器价格优惠、入驻门槛低,民营孵化器服务灵活、自负盈亏,不同所有权性质的孵化器提供了差异化的服务,创业者面临选择困惑。

如何提高入驻孵化器企业的创新绩效成为研究热点。李雪灵和殷群分别分析了在孵企业的创业导向和国家宏观政策对企业创新绩效的影响,发现在孵企业的外部环境和自身内部的动态能力等是影响创新绩效的重要因素。资源供给、创业导向和社会资本都会影响在孵企业的绩效,其中社会资本与在孵企业创新绩效的关系是当前的研究重点。对于初创企业,创业团队的社会资本是其创业成功的重要资源。目前,中国孵化器按所有权性质划分主要有两种类型:国有孵化器,以大学科技园、政府出资建设的公益孵化器为代表;民营孵化器,以企业孵化平台和各民间资本成立的专业孵化器为代表。不同所有权性质的孵化器享受的国家政策和为在孵企业提供的服务有差异,所以在孵企业社会资本对企业创新绩效的影响也不同。哪种孵化器更有利于入驻企业的社会资本向创新绩效转化,是创业者考虑的重要因素,也是学术研究的重要主题。

目前,国内外学者对社会资本与在孵企业创新绩效的关系,主要从企业层面考虑知识吸收能力等因素,或从外部环境考虑宏观政策,以及创业团队异质性与企业创新绩效的关系,很少有学者关注孵化器的所有权性质对中小微企业的影响。孵化器能够为在孵企业提供资源服务和构建社会网络,间接影响企业在网络中的地位,即网络能力和社会资本对创新绩效的影响在不同的孵化器里具有差异性。鉴于此,本章通过调查问卷的方法,探讨所有权性质如何影响在孵企业社会资本与创新绩效的关系。具体内容如下:首先,界定在孵企业社会资本的内涵,从结构、关系和认知三个不同维度进行研究;其次,通过理论分析和文献回顾,提出孵化器所有权性质影响社会资本与创新绩效间关系的理论模型;最后,通过数据分析和实证检验,验证孵化器所有权性质的调节效应,分析社会资本结构、关系和认知三个维度对在孵企业创新绩效影响的差异性,为创业者提供参考建议。

第二节 理论基础和研究假设

一、在孵企业的社会资本

社会资本受到管理学和社会学领域学者的广泛关注。社会资本是企业或个人嵌入社会网络中获得稀缺资源的能力,是潜在资源和现实资源的综合,能力主要体现在企业的纵向、横向和社会联系中。在孵企业的纵向联系是与地方政府、主管机关及其下级部门的联系。这种联系主要通过企业所在的孵化器完成,如孵化器提供的中介服务、政策性银行贷款、工商注册、行政事务代理和国家创新补贴申请等服务。横向联系是企业与竞争对手和供应商等企业之间的联系。孵化器提供的中介机构合作服务也会影响在孵企业的横向联系。社会联系是指企业与其管理者的社会交往。Pierre Bourdieu、Ronald Burt 等国外学者从制度理论和资源依赖理论等角度阐述了社会资本的内涵，把社会资本划分为结构、关系和认知三个维度。其中：结构社会资本反映了企业与其他网络成员之间的交流情况，包括网络密度和强度等；关系社会资本是企业成员之间的信任状态；认知社会资本是各个网络成员之间的共同价值和共同目标，主要体现在共享文化方面。企业的纵向、横向联系和社会联系包含结构维度和关系维度。结合国内外学者的研究，本章从结构、认知和关系三个维度研究在孵企业的社会资本。

二、在孵企业的社会资本与创新绩效

社会资本是企业获得竞争优势的一种资源，社会资本与企业创新绩效有显著的正相关关系。结构维度代表企业客观存在的社会关系网络状态，如网络结构和网络强度等。在孵企业通过组织间的知识共享和信息渠道建设，获得创新所需的资源和技术等信息，Danie、林筠等学者发现，结构资本与企业的创新能力和创新绩效有显著的正相关关系。在孵企业的规模小，嵌入以孵化器为平台的社会网络中后，成员之间可实现资源和知识共享，网络强度增高，有利于在孵企业进行知识学习和资源积累，孵化器平台提供的行业交流会和中介服务，有助于在孵企业与高校科研机构等组织进行技术交流、提升创新绩效。据此，提出以下假设：

H1a：结构维度社会资本与在孵企业的创新绩效呈正相关关系。

关系维度是指网络成员之间的信任承诺等形态。信任能够提高成员之间的合作意愿和知识共享，促进双方的技术创新。承诺的履行会提高企业在社会网络中的合作成功率，实现创新资源的有效整合和利用，关系社会资本与创新绩效也呈显著的正相关关系。对于在孵企业的创业团队，信任能够激发员工的分享意愿，降低管理成本和创新风险。孵化器为企业提供员工培训和创业导师服务，不仅促进了企业内部的沟通和信任，也加强了企业与外部的联系，提升了创业团队的创造性，间接提升了专利申请比例。据此，提出如下假设：

H1b：关系维度社会资本与在孵企业的创新绩效呈正相关关系。

认知维度是指网络成员之间的规范、价值和信仰等。成员之间相互认可，具有相似的价值观，能够提高知识传播效率，增加资源交流和技术共享，并降低交流和共享的成本，使双方的创新能力提升。在孵企业初创团队的学习背景和工作经验各不相同，具有异质性。共同的价值观能够把团队凝聚在一起，让成员之间主动积极地进行知识交换和资源分享，促进团队创新。在孵企业通过孵化器平台提供的教育培训服务，塑造企业文化，可激发员工潜在的创造力。员工具有共同愿景和价值观，就能够降低初创企业的协调成本。朱慧发现，认知维度社会资本对降低成本和创新绩效具有显著的正向影响。据此，提出如下假设：

H1c：认知维度社会资本与在孵企业的创新绩效呈正相关关系。

三、孵化器所有权性质的调节作用

孵化器（包括创业园、创新中心和众创空间等形式）自1956年在美国被提出后迅速发展。其被引入中国后，形式和功能发生了演变。孵化器基于功能特点，可分为专业孵化器、网络孵化器和虚拟孵化器；基于所有权归属，可以划分为国有孵化器和民营孵化器。孵化器所有者会影响孵化器运作过程，导致企业的创新绩效存在差异。国有孵化器主要包含大学科技园、政府和非营利事业单位出资成立和支持的孵化器，其资金支持主要来源于国家，主要目的是解决当地就业，具有入驻门槛低等特点。民营孵化器主要指个人或企业投资成立以营利为目的而提供孵化服务的孵化器。这类孵化器一般采用公司化运营方式，能够提供专业服务，具有服务灵活的特点。杨震宁在研究不同功能的科技园时，发现其资源供给也有差异，包括技术、资金和服务。表7-1显示了两种性质孵化器的主要差异。

表 7-1 不同所有权性质孵化器的比较

项目	国有孵化器	民营孵化器
基础服务	入驻门槛低，提供大量的免费服务，帮扶早期创业者，享受很多政府补贴	管理专业化，入驻门槛高，为创业者提供行业内的社会关系，部分符合条件企业也可以享受政府补贴
增值服务	种类较少，享受政策优惠比较大，比如一些科技项目补贴和政策银行贷款，能够享受到与高校间合作的高管培训等服务，为在孵企业提供有力的保障	风险投资、中介、人力资源、教育培训、管理咨询和创业导师指导等服务更加精细化，具有灵活性，有利于企业文化建设，企业与其他组织联系更加紧密
技术服务	与高校和科研机构合作密切，能够为企业提供技术咨询和联系	细分行业，技术专业化，与大多数科研院有战略合作，为企业提供间接技术合作

资料来源：笔者根据相关资料整理得到。

社会资本在转化为企业创新绩效的过程中会受到企业自身知识吸收能力和外部环境的影响。国有孵化器和民营孵化器对在孵企业提供的服务和支持不同，而初创企业对孵化器的依赖度比较高，这会影响在孵企业外部的关系网络以及内部的企业文化等。通过对比国有孵化器和民营孵化器的服务可以发现，民营孵化器是以营利为目的，服务更加灵活，通过优质的中介服务，能够帮助入驻企业建立更广泛的社会联系，帮助企业构建结构维度的社会资本。这有利于在孵企业创新能力的培养和绩效提升。民营孵化器更善于利用商业协会和技术协会等非正式组织来帮助入驻企业获得社会资本。相对而言，国有孵化器主要提供基础服务，为入驻企业提供的社会联系比较单一，主要与政府、高校、事业单位和政策性银行等组织合作。据此，提出如下假设：

H2a：与国有孵化器相比，民营孵化器中在孵企业的结构维度社会资本对创新绩效的正向影响更大。

在中国特殊的文化背景下，国有孵化器能为在孵企业提供更多的政策支持和资金补贴，这为创业企业提供了强大的保障。很多大学科技园和政府出资的孵化中心的创业企业与高校和科研机构的联系紧密，企业甚至是科技项目成果的重要主体。员工之间、企业与企业之间的信任度较高，更愿意知识共享，同时企业在承诺履行方面做得更好，企业通过孵化器可以从高校和科研机构获得丰富的技术信息。民营孵化器虽然与高校和科研机构有合作关系，但是无法为在孵企业提供直接的联系。因此，与国有孵化器相比，入驻民营孵化器的企业与这个网络中的其他成员间的信任和合作意愿较弱，即在孵企业关系维度的社会资本不能更有效地转化为企业的创新绩效。据此，提出如下假设：

H2b：与国有孵化器相比，民营孵化器中在孵企业的关系维度社会资本对创新绩效的正向影响较小。

国有孵化器继承了事业单位的管理方式，具有完善的规章制度。国有孵化器通过基础服务为在孵企业构建社会网络，社会网络中的大部分成员都是事业单位和科研机构。它们拥有相似的信仰和价值观，其工作流程也具有高度的统一性，有利于知识传播和技术共享。民营孵化器中企业的异质性较大，企业间沟通会遇到很多障碍。虽然企业内部团队异质性会提升企业的创新绩效，但是也会增加企业的协调成本，所以民营孵化器会有针对性地为企业提供管理咨询服务和教育培训。国有孵化器较为规范的管理模式、相似的价值观和工作流程有效地促进了在孵企业认知维度的社会资本与创新绩效的正向关系。据此，提出如下假设：

H2c：与国有孵化器相比，民营孵化器中在孵企业的认知维度社会资本对创新绩效的正向影响较弱。

本章所构建的孵化器所有权性质对社会资本与企业绩效关系的调节作用模型具体如图 7-1 所示。

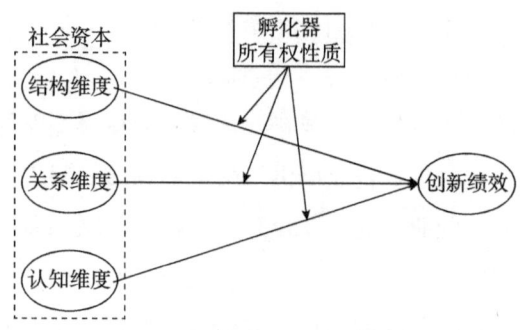

图 7-1　本章研究的理论模型

第三节　研究设计

一、样本和数据收集

本书的调查数据主要来自北京、天津、深圳和成都等创新能力较强的城市的孵化器，被调研对象为入驻孵化器企业的具有决策能力的管理人员。针对北京地区的 100 家在孵企业进行预调研，并与专家讨论删改了部分题项。正式发放问卷 300 份，回收有效问卷 185 份，有效率 61.7%，主要涉及生产贸易、信息技术和服务类企业。针对同源方差问题，采用哈曼单因子检验方法，对各条目进行因子分析，未旋转第一个因子的解释方差为 23.34%（小于 40%），同源方差处于可接受范围内。样本的统计结果如表 7-2 所示。

表 7-2　样本统计分布

统计项	类别	样本数（家）	占比（%）	统计项	类别	样本数（家）	占比（%）
企业规模	1~20 人	170	91.89	孵化器所有权性质	国有	75	40.54
	20~50 人	15	8.11		民营	110	59.46

续表

统计项	类别	样本数（家）	占比（%）	统计项	类别	样本数（家）	占比（%）
行业类型	生产贸易型	45	24.32	企业年龄	1年	30	16.22
	信息技术型	25	13.51		1~4年	135	72.97
	服务型	85	45.95		5~8年	20	10.81
	其他	30	16.22				

二、变量测量

本章涉及的概念和变量都基于现有研究，并根据在孵企业的实际情况进行了删改，问卷均采用李克特七级度量方法。根据 Clusters 的做法，采用五个条目测量因变量创新绩效。基于 Nahapiet 和唐丽艳的研究，删改题项后保留10个条目，分三个维度测量自变量社会资本。调节变量孵化器所有权性质采用虚拟变量，即国有孵化器为0，民营孵化器为1。控制变量为在孵企业的年龄、规模和行业，年龄按成立时间划分，公司规模采用公司员工人数来衡量，行业主要按调研对象划分为四类。

三、测量模型

对调研数据采用 EQS6.3 软件做验证性因子分析，构建测量模型，如表7-3所示。综合信度 CR 和 Cronbach's α 系数均在0.6以上，说明量表具有较好的内部一致性。潜变量所有测量题项的 CFA 标准因子载荷都大于0.5，每个潜变量的平均提取方差都大于或接近于0.5，表明测量模型具有良好的聚合效度。根据表7-3可知，每个变量的 AVE 平方根都大于该变量与其他变量的相关系数。根据 Fornell 和 Larchker 的观点，若各变量的 AVE 平方根都大于该变量与其他变量的相关系数，则表明测量模型具有较好的判别效度。

表 7-3 验证性因子分析结果

变量	测量条目	标准载荷	Cronbach's α 系数	CR	AVE
结构维度	企业与多家孵化器、科技中介等外部组织相联系	0.802	0.79	0.81	0.52
	企业与外部组织联系频繁且紧密	0.738			
	企业内部和员工之间经常来往和交流	0.706			
	企业遇到困难合作伙伴会主动提供帮助	0.613			
认知维度	本企业对合作企业十分了解	0.919	0.8	0.81	0.52
	本企业与合作企业具有相似的价值观	0.637			
	本企业员工具有共同的目标追求、清楚合作的目的	0.726			
	企业能够很快发现外部新知识对现有技术的提升作用	0.546			
关系维度	企业在外界具有良好的信誉	0.850	0.60	0.63	0.49
	合作中双方企业能够进行有效沟通	0.491			
创新绩效	与同行相比,我们常常在行业内率先推出新产品/服务	0.863	0.89	0.89	0.64
	与同行相比,我们常常在行业内率先应用新技术	0.832			
	与同行相比,我们的产品改进与创新有非常好的市场反应	0.755			
	与同行相比,我们的产品包含一流的先进技术与工艺	0.809			
	与同行相比,我们产品的开发成功率非常高	0.735			

第四节 实证分析结论及启示

本章采用层次回归的方法进行假设检验,共构建了三个模型。模型 1 验证在孵企业和创新绩效的关系;模型 2 是在模型 1 的基础上增加调节变量孵化器所有权性质;模型 3 是在模型 2 的基础上增加自变量和调节变量的交互项。利用 STATA2.0 软件进行回归分析,模型 1 显示社会资本的结构维度（β=0.77，p<0.01）、关系维度（β=0.51，p<0.01）与创新绩效有显著的正相关关系，即 H1a 和 H1b 得到支持；而认知维度系数（β=-0.05，p<0.01）不显著，暂时没有证据表明社会资本的认知维度与创新绩效有显著的正相关关系，即 H1c 没有得到支持。模型 2 和模型 3 显示了孵化器所有权性质的调节效应结果。可以看出，孵化器所有权性质与结构维度社会资本的交互项系数（β=0.42，p<0.01）为正且显著，所有权性质正向调节结构维度社会资本和创新绩效的关系，民营孵化器在孵企业的结构维度社会资本对创新绩效的正向影响更强，即 H2a 得到支持。孵化器所有权性质与关系维度社会资本的交互项系数（β=-0.37，p<0.1）为负且显著，孵化器所有权性质负向调节关系维度社会资本和创新绩效的关系，民营孵化器在孵企业的关系维度社会资本对创新绩效的正向影响较弱，即 H2b 得到支持。孵化器所有权性质与关系维度社会资本的交互项系数（β=-0.07，p>0.1）为负且不显著，所有权性质对认知维度社会资本与创新绩效关系的调节作用不显著，因此 H2c 未得到支持。

与国有孵化器相比，民营孵化器增强了在孵企业的结构维度社会资本对创新绩效的正向影响，但是减弱了在孵企业的关系维度社会资本对创新绩效的正向影响。本章的理论贡献在于：以社会资本理论为基础，验证了中国情境下在孵企业的社会资本与创新绩效的关系，分析了孵化器对在孵企业社会资本构建和转化的影响，并引入新的调节变量，探讨了孵化器所有权性质对社会资本和创新绩效关系的调节效应。

本章的研究结论对创业企业实践和管理具有重要启示。首先，在孵企业要充分利用孵化器平台提供的服务，与其他企业、中介机构、高校和政府等组织建立联系和合作，积极构建企业的社会资本，以促进企业创新和成长。其次，不同类型的孵化器对在孵企业社会资本和创新绩效关系的影响有差异。民营孵化器服务灵活，在孵企业更易与中介机构、行业协会等非政府组织合作，扩展自己的关系网络，增强自身与网络成员之间的关系度，促进结构维度社会资本向创新绩效转化。国有孵化器与政府和科研机构合作紧密，技术服务优势明显，为在孵企业提供的社会网络中成员之间的信任程度高。同时,国有孵化器具有很强的公信力,具有规范的制度流程,可促进在孵企业与其他网络成员之间的信任与合作,这更有利于在孵企业的关系维度社会资本向创新绩效转化。因此,创业者应根据自身的社会资本情况选择合适类型的孵化器,以有利于企业创新和成长。要说明的是,本章使用通过问卷调查得到的截面数据,数据缺乏时间的连续性,以后研究可对企业进行跟踪调查。

第五节 本章小结

本章基于185家中国在孵企业的调查数据,采用多元层级回归方法,对在孵企业社会资本的结构、关系和认知三个维度与创新绩效的关系进行了理论探讨和实证检验,旨在揭示社会资本对不同孵化器在孵企业创新绩效的差异性影响。研究结果显示:所有在孵企业结构维度和关系维度的社会资本与创新绩效有显著的正相关关系,而认知维度的社会资本与创新绩效的正向关系不显著;与国有孵化器相比,民营孵化器增强了在孵企业的结构维度社会资本对创新绩效的正向影响,但减弱了在孵企业的关系维度社会资本对创新绩效的正向影响。

第八章

结论与展望

本章是本书的结尾章节,将对前面章节的研究结论进行总结,指出本书的创新点与贡献,对研究中的局限做出说明,并对未来的研究内容进行展望。

第一节 基本结论

一、子研究一:社会资本、知识转移与创新绩效

有关研究表明,在中小微企业的创新网络中,企业创新绩效受到关系嵌入程度的影响。但是,关系嵌入特征通过何种途径影响中小微企业的创新行为、关系嵌入特征对网络中隐性知识和显性知识转移的影响是否存在差异,这些问题尚需要进一步研究。本书基于知识基础理论和社会理论,构建社会资本、知识(隐性和显性)转移与中小微企业创新绩效之间的理论模型,并以282家科技型中小微企业为样本,运用结构方程模型对研究假设进行实证分析。研究结果表明,关系强度对中小微企业创新网络中的隐性知识转移具有正向影响,对显性知识转移具有负向影响;社会资本隐性知识转移在关系强度和创新绩效的关系中起着完全中介作用;隐性知识转移和显性知识转移分别在信任和创新绩效的关系

中起着部分中介作用,且隐性知识转移的中介效果明显大于显性知识转移(见表8-1)。

表8-1 子研究一实证分析结果

序号	理论假设	结果
H1a	关系强度对中小微企业创新网络中的隐性知识转移具有显著的正向影响	支持
H1b	关系强度对中小微企业创新网络中的显性知识转移具有显著的负向影响	支持
H2a	信任对中小微企业创新网络中的隐性知识转移具有显著的正向影响	支持
H2b	信任对中小微企业创新网络中的显性知识转移具有显著的正向影响	支持
H3a	中小微企业创新网络中的隐性知识转移对企业的创新绩效具有显著的正向影响	支持
H3b	中小微企业创新网络中的显性知识转移对企业的创新绩效具有显著的正向影响	支持

二、子研究二:社会资本强度对技术创新绩效的影响机制研究

以社会网络理论为研究基础,构建了关系强度、知识共享以及吸收能力与技术创新绩效关系的模型,并通过对223家中国科技型中小微企业的问卷调查,采用验证性因子分析与多元层级回归方法探究强关系、弱关系对技术创新绩效的影响以及知识共享、吸收能力在其中所具有的作用。结果表明:①强关系对技术创新具有直接正向影响,弱关系对技术创新绩效具有直接负向影响。② 隐性知识共享完全中介了强关系对技术创新绩效的正向影响;显性知识共享部分中介了强关系对技术创新绩效的正向影响;显性知识共享微小中介了弱关系对技术创新绩效的负向影响。③潜在吸收能力增强了隐性知识共享对技术创新绩效的正向影响;现实吸收能力增强了显性知识共享对技术创新绩效的正向影响(见表8-2)。

表 8-2 研究二实证分析结果

序号	理论假设	结果
H1	强关系与技术创新绩效呈正相关关系	支持
H2	弱关系与技术创新绩效呈正相关关系	不支持
H3	隐性知识共享在强关系与技术创新绩效之间起中介作用	支持
H4	隐性知识共享在弱关系与技术创新绩效之间起中介作用	不支持
H5	显性知识共享在强关系与技术创新绩效之间起中介作用	支持
H6	显性知识共享在弱关系与技术创新绩效之间起中介作用	支持
H7	潜在吸收能力正向调节隐性知识共享与技术创新绩效的关系	支持
H8	潜在吸收能力正向调节显性知识共享与技术创新绩效的关系	不支持
H9	现实吸收能力正向调节隐性知识共享与技术创新绩效的关系	不支持
H10	现实吸收能力正向调节显性知识共享与技术创新绩效的关系	支持

三、子研究三：社会资本强度导致创新绩效与企业成长差异

将企业成长问题与创新、社会网络关系联系起来，可以发现社会资本存在强度区别并具有不同的企业功效。基于北京市200多家科技型中小微企业的数据，运用探测性因子分析、多元回归及验证性分析方法，就企业社会资本强度与企业创新绩效及成长之间的影响路径、依赖关系进行实证研究。主要结论有：高强度的社会资本对产品创新动力形成一定挤压或替代，当社会资本强度不高时，创新绩效对企业成长的影响关系变得显著；企业内部产品创新通过提升该企业的行业创新地位而正向作用于企业成长；社会资本通过创新绩效对企业成长具有显著正影响（见表8-3）。

表 8-3 研究三实证分析结果

序号	理论假设	结果
H1	高强度的社会资本对产品创新动力形成一定挤压或替代	支持
H2	低社会资本强度时，创新绩效正向影响企业成长	支持
H3	企业内部产品创新通过提升企业的行业创新地位而正向作用于企业成长	支持
H4	社会资本通过创新绩效对企业成长具有显著正影响	支持

四、子研究四：社会资本与中小微企业成长的关系研究——以深圳市中小企业板上市公司数据为例

基于中国人情社会，从社会资本（Social Capital）角度探求中小微企业成长因素成为众多学者关注的研究热点。本书选取深圳市中小企业板42家上市公司的数据，以净利润及市盈率为企业成长因变量，企业家年龄及学历构成为社会资本变量，兼顾企业高管特质指标，运用部分最小二乘法进行实证检验，发现以年龄为代表的社会资本对企业成长具有正向相关关系，而企业家的工作年限与学历却表现不佳，高管团队特质对企业成长也未能展示出明显的积极作用（见表8-4）。

表8-4　研究四实证分析结果

序号	理论假设	结果
H1	董事长的年龄和学历有助于提高企业家社会资本变量进而对企业成长具有正影响	支持
H2	企业高管规模（人数）及其学历有助于企业社会资本的增加，进而对企业成长施加积极正影响	不支持

五、子研究五：在孵企业社会资本与创新绩效的关系 ——孵化器所有权性质的调节作用

基于185家中国在孵企业的调查数据，采用多元层级回归方法，对在孵企业社会资本的结构、关系和认知三个维度与创新绩效的关系进行了理论探讨和实证检验，旨在揭示社会资本对不同孵化器在孵企业创新绩效的差异性影响。研究结果显示：所有在孵企业结构维度和关系维度的社会资本与创新绩效有显著的正相关关系，而认知维度的社会资本与创新绩效的正向关系不显著；与国有孵化器相比，民营孵化器增强了在孵企业的结构

维度社会资本对创新绩效的正向影响,但减弱了在孵企业的关系维度社会资本对创新绩效的正向影响(见表8-5)。

表8-5 研究五实证分析结果

序号	理论假设	结果
H1a	结构维度社会资本与在孵企业的创新绩效呈正相关关系	支持
H1b	关系维度社会资本与在孵企业的创新绩效呈正相关关系	支持
H1c	认知维度社会资本与在孵企业的创新绩效呈正相关关系	不支持
H2a	与国有孵化器相比,民营孵化器中在孵企业的结构维度社会资本对创新绩效的正向影响更强	支持
H2b	与国有孵化器相比,民营孵化器中在孵企业的关系维度社会资本对创新绩效的正向影响较弱	支持
H2c	与国有孵化器相比,民营孵化器中在孵企业的认知维度社会资本对创新绩效的正向影响较弱	不支持

第二节 理论贡献

本书主要有以下几点理论贡献:

第一,丰富了中小微企业社会资本理论的研究。首先,我们发现了社会资本的不同维度与成长绩效、创新绩效之间的作用机制,发现了社会资本通过知识共享、知识转移、吸收能力促进企业成长的路径。这一发现丰富和完善了企业社会资本作用的研究。其次,本书丰富了社会资本理论应用的边界条件。我们考察了孵化器所有权性质在社会资本与创新绩效间的权变影响,发现与国有孵化器相比,民营孵化器增强了在孵企业的结构维度社会资本对创新绩效的正向影响,但是减弱了在孵企业的关系维度社会资本对创新绩效的正向影响。本书的发现为深入了解和认知中小微企业社会资本的权变价值,找寻不同维度社会资本的使用边界提供了新的实证数据。

第二，本书丰富了知识管理的驱动因素研究。我们深入探究了社会资本对知识共享、知识转移的作用机制，发现企业三个维度的社会资本均会驱动企业的知识共享和转移行为，而且强、弱关系对知识共享具有明显的驱动作用；发现关系强度这一关系嵌入特征对科技型中小微企业隐性知识转移和显性知识转移存在不同的影响机制，拓展了知识基础理论在中小微企业创新领域的应用。

第三，从权变理论视角，完善了知识共享与创新绩效之间的边界条件分析，探讨了潜在吸收能力和现实吸收能力在科技型中小微企业知识共享与创新绩效间的调节作用。研究发现，潜在吸收能力增强了隐性知识共享对技术创新绩效的正向影响；现实吸收能力增强了显性知识共享对技术创新绩效的正向影响。

第三节　管理启示

本书对我国科技型中小微企业的生存和成长具有一定的实践指导作用。

第一，科技型中小微企业应积极搭建并且充分利用企业的关系网络以促进企业的成长。关系在现代知识社会中是一种可以投资于未来的潜在资源。企业创新的首要目标在于绩效的提高，而绩效的提高在于和供应链企业以及相关技术研究院等外部机构建立良好的社会关系网络，促进知识、技术在整个社会关系网络中高效地流动，以进一步达成企业较高绩效的合作创新。

第二，科技型中小微企业应构建信任合作的关系网络。信任对中小微企业创新网络中的隐性知识转移和显性知识转移均产生显著的正向影响。中小微企业间合作在通过契约治理方式抑制机会主义的同时，还应该重视建立以信任为基础的关系。因为再详细的契约都不能将知识分享，尤其是将隐性知识分享纳入契约条款中。隐性知识的黏滞性和默会性等特点导致其难以转移和分享，隐性知识经常嵌入组织心智和惯例中并具有无形性，合作伙伴间甚至不能明确对方究竟拥有何种知识。因此，建立信任关系更能增进中小微企业间长期合作的信心，激发大家积极参与开放式创新，推进知识分享，从而实现追求长期利润最大化的目标。

第三，科技型中小微企业应培育并提高企业的吸收能力。当今是知识经济的时代，企业要提高技术创新绩效，应加强对自身吸收能力的建设，积极与其他企业开展各种正式或非正式的交流与沟通，在整个关系网络当中形成良好的合作气氛，提高企业吸收、转化与应用知识的能力。

第四节　研究局限及未来研究方向

本书也有一些研究局限，表现为如下三个方面：

第一，只在北京、上海、广州等城市进行问卷调研，因此本书结论的普适性有待进一步验证。未来可以调查更多的地区进行研究。

第二，采用调查问卷测量各个研究变量，尽管量表都有很好的信度和效度，但是仍有可能没有完全捕捉到企业的资源状态。虽然已经挑选了最适合的答题者，如中小微企业的高管来回答问题，但是企业社会资本状态的判断仍存在主观性。未来研究可以考虑用客观方式来衡量企业的社会资本状态。

第三，横截面数据设计可能无法衡量变量之间的完整关系，未来研究可以考虑以纵向设计方式来采集数据。

未来研究将聚焦于以下三个方面：

第一，本书只考察了企业社会资本的结构维度、关系维度、认知维度，强关系和弱关系对企业资源拼凑行为的影响，可外部社会资本还包括结构洞、共同愿景、异质性等维度，内部社会资本还包括共同语言、规范、网络密度等维度，未来研究可以进一步考察中小微企业外部和内部社会资本其他维度特征与知识管理之间的关系。

第二，本书考虑的权变因素仅有孵化器所有权性质、吸收能力这两个情景因素，影响科技型中小微企业资源策略的其他情景因素，如企业生命周期、动态能力等可以在进一步的研究中被纳入。

第三，社会资本对科技型中小微企业成长绩效的影响可能会存在延时性。未来研究可以考虑使用面板数据，对中小微企业进行跨时间的数据调查，这样才能更完整地验证研究中各变量之间的联系。

参考文献

[1] Akhavan P., Hosseini S. M. Social Capital, Knowledge Sharing, and Innovation Capability: An Empirical Study of R&D Teams in Iran [J]. Technology Analysis & Strategic Management, 2016, 28 (1): 1-18.

[2] Alavi M., Leidner D. E. Knowledge Management and Knowledge Manage-ment Systems: Conceptual Foundations and Research Issues [J]. Mis Quarterly, 2001, 25 (1): 107-136.

[3] Antonicic J. Crossing the Line Between Bad and Good Design [J]. Quill and Scroll, 2001, 51 (4): 7-10.

[4] Antonio, F. Popular Sovereignty or Cosmopolitan Democracy? Liberalism, Kant and International Reform [J]. European Journal of International Relations, 2000 (2): 277-302.

[5] Argote L., Mcevily B., Reagans R. Managing Knowledge in Organizations: An Integrative Framework and Review of Emerging Themes [J]. Management Science, 2003, 49 (4): 571-582.

[6] Atallah G. Information Sharing and the Stability of Cooperation in Research Joint Ventures [J]. Economics of Innovation & New Technology, 2003, 12 (6): 531-554.

[7] Baker T., Miner A. S., Eesley D. T. Improvising Firms: Bricolage, Account Giving and Improvisational Competencies in the Founding Process [J]. Research Policy, 2003, 32 (2): 255-276.

[8] Barney J. Firm Resource and Sustained Competitive Advantage [J].

Journal of Management, 1991, 17 (1): 99-120.

[9] Barro R. J. A Positive Theory of Monetary Policy in a Natural Rate Model: Macroeconomic Policy [J]. Journal of Political Economy, 1983 (10): 44-78.

[10] Baum, Stephanie. Management Changes Fail to Dent Durham Pine Profits [J]. Cabinet Maker, 2001 (52): 1-31.

[11] Becker G. S. Human capital [M]. New York: NBER Columbia University Press, 1964.

[12] Bell G. G. Clusters, Networks, and Firm Innovativeness [J]. Strategic Management Journal, 2005, 26 (3): 287-295.

[13] Bian Y. Bringing Strong Ties Back in: Indirect Ties, Network Bridges, and Job Searches in China [J]. American Sociological Review, 1997, 62 (3): 366-383.

[14] Boissevain J. Friends of Friends [M]. Oxford: Basil Blackwell, 1974.

[15] Bourdieu P. The Forms of Capital, Handbook of Theory and Research for: The Sociology of Education [M]. New York: Greenwood Press, 1985.

[16] Bourdieu P. The Forms Of Social Capital [A] //J. G. Richardson (Eds.), Handbook of Theory and Research for the Sociology of Education [M]. New York: Greenwood Press, 1986: 241-258.

[17] Brass D. J., Galaskiewicz Joseph, Greve Henrich R., Tsai W. Taking Stock of Networks and Organizations: A Multilevel Perspective [J]. Academy of Management Journal, 2004, 47 (6): 795-817.

[18] Brockmann E. N., Anthony W. P. Tacit Knowledge and Strategic Decision Making [J]. Group & Organization Management, 2002, 27 (4): 436-455.

[19] Bruns H. C. Working Alone Together: Coordination in Collaboration Across Domains of Expertise [J]. Academy of Management Journal, 2013, 56 (1): 62-83.

[20] Burt R. S. Structural Holes: The Social Structure of Competitions [M]. Cambridge, MA: Harvard University Press, 1992.

[21] Byrne B. M. Structural Equation Modeling with AMOS: Basic Concepts, Applications, and Programming [M]. New York: Routledge, 2010.

[22] Cainelli G., Mancinelli S. Mazzanti M. Social Capital and Innovation Dynamics in District-based Local Systems [J]. The Journal of Socio-Economics, 2007, 36 (6): 932-948.

[23] Casanueva C., Gallego A. Social Capital and Innovation: An Intra-departmental Perspective [J]. Management Revue the International Review of Management Studies, 2010, 21 (2): 135-154.

[24] Chaganti R. G. Who Are Ethnic Entrepreneurs? A Study of Entrepreneurs' Ethnic Involvement and Business Characteristics [J]. Journal of Small business, 2002 (12): 34-54

[25] Chandler A. D. Organizational Capabilities and the Economic History of the Industrial Enterprise [J]. Journal of Economic Perspectives, 1992, 2 (15): 123-154.

[26] Chandler G. Business Similarity as a Moderator of the Relationship between Pre-ownership Experience and Venture Performance: ET&P ET&P [J]. Entrepreneurship: Theory and Practice, 1996, 20 (3): 51-76.

[27] Cohen W. M., Levinthal D. A. Chapter 3 - Absorptive Capacity: A New Perspective on Learning and Innovation [J]. Administrative Science Quarterly, 1990, 35 (1): 128-152.

[28] Coleman J. S. Social Capital in the Creation of Human Capital [J]. American Journal of Sociology, 1988, 94 (Supplement): 95-120.

[29] Coleman J. S. Foundations of Social Capital Theory [M]. Cambridge, MA: Belknap Press OF Harvard University, 1990.

[30] Compton P., Jansen R. A Philosophical Basis for Knowledge Acquisition [J]. Knowledge Acquisition, 1990, 2 (3): 241-258.

[31] Covin, Miles Jeffrey G. Commentary on Front and Backstages of the Diminished Routinization of Innovations, An Entrepreneurial Perspective on the Firm-environment Relationship, and Cross-boundary Disruptors [J]. Strategic Entrepreneurship Journal, 2007.

[32] Daskalopoulou I. Social Capital and Innovation in the Services Sector [J]. European Journal of Innovation Management, 2013, 16 (1): 50-69.

[33] Das T. K., Teng, Bing-Sheng. Trust, Control, and Risk in Strategic Alliances: An Integrated Framework [J]. Organization Studies, 2001, 22 (2): 251-283.

[34] Davidsson P. Henrekson M. Determinants of the Prevalanceof Start-ups and High-Growth Firms [J]. Small Business Economics, 2002, 19 (2): 81-104.

[35] Demsetz H. Ownership, Control, and the Firm [M]. Oxford: Basil Blackwell, 1988.

[36] Dhanaraj C., Lyles M. A., Steensma H. K., Tihanyi L. Managing Tacit and Explicit Knowledge Transfer in IJVs: The Role of Relational Embeddedness and the Impact on Performance [J]. Journal of International Business Studies, 2004, 35 (5): 428-442.

[37] Dyer Jeffrey H., Chu W. The Role of Trustworthiness in Reducing Transaction Costs and Improv-ing Performance: Empirical Evidence from the United States, Japan, and Korea [J]. Organization Science, 2003, 14 (1): 57-68.

[38] Dyer Jeffrey H., Nobeoka Kentaro. Creating and Managing A High-performance Knowledge-sharing Network: The Toyota Case [J]. Strategic Management Journal, 2000, 21 (3): 345-367.

[39] Ebers M. and Maurer I. Connections Count: How Relational Embeddedness and Relational Empowerment Foster Absorptive Capacity [J]. Research Policy, 2014, 43 (2): 318-332.

[40] Escribano A., Fosfuri A., Tribó J. A. Managing External Knowledge Flows: The Moderating Role of Absorptive Capacity [J]. Research Policy, 2009, 38 (1): 96-105.

[41] Fong E., Chen W. Mobilization of Personal Social Networksand Institutional Resources of Private Enterprises in China [J]. Canadian Review of Sociology and Anthropology, 2007, 44 (4): 415-449.

[42] Fornell C., Larcker D. F. Evaluating Structural Equation Models with Unobservable Variables and Measurement Error [J]. Journal of Marketing Research, 1981, 18 (1): 39-50.

[43] Gabbay, Shaul M., Zuckerman, Ezra W. Social Capital and Opportunity in Corporate R&D: The Contingent Effect of Contact Density on Mobility [J]. Expectations: Social Science Research, 1998 (2): 189-217.

[44] Gemünden H. G., Ritter T., Heydebreck, P. Network Configuration and Innovation Success: An Empirical Analysis in Ger-man High-tech Industries [J]. International Journal of Research in Marketing, 1996, 13 (5): 449-462.

[45] Gibrat R. Economics Inequality [M]. Paris: Sirey Press, 1975.

[46] Gilbert Clark G. Change in the Presence of Residual Fit: Can Competing Frames Coexist? [J]. Organization Science, 2006, (5): 45-70.

[47] Gold A. H., Malhotra A., Segars A. H. Knowledge Management: An Organi-zational Capabilities Perspective [J]. Journal of Management Information Systems, 2001, 18 (1): 185-214.

[48] Granovetter, M. S. Economic Action and Social Structure: The Problem of Embeddedness [J]. American Journal of Sociology, 1985, 91 (3): 481-510.

[49] Granovetter M. S. Problems of Explanation in Economic Sociology [A] //N. Nohria & R. G. Eccles (Eds.), Networks and Organizations: Structure, Form and Action [M]. Boston: Harvard Business School Press, 1992.

[50] Granovetter M. S. The Strength of Weak Ties: A Network Theory Re-

visited [J]. Sociological Theory, 1983, 1 (1): 201-233.

[51] Granovetter M. S. The Strength of Weak Ties [J]. American Journal of Sociology, 1973 (78): 1360-1380.

[52] Granovetter M. S. The Strength of Weak Ties [J]. The American Journal of Sociology, 1973, 78 (6): 1360-1380.

[53] Grant R. G. The Resource-based Theory of Competitive Advantage: Implications for Strategy Frontier [J]. California Management Review, 1991, 33 (3): 114-135.

[54] Grossman M., Helpman, E. Endogenous Innovation in the Theory of Growth [J]. Journal of Economic Perspective, 1994, 8 (1): 23-44.

[55] Grover V., Davenport T. H. General Perspectives on Knowledge Manage-ment: Fostering a Research Agenda [J]. Journal of Management Information Systems, 2001, 18 (1): 5-21.

[56] Gruber T. R. Toward Principles for the Design of Ontologies Used for Knowledge Sharing? [J]. International Journal of Human-Computer Studies, 1995, 43 (5-6): 907-928.

[57] Gu Q., Wang G. G., Wang L. Social Capital and Innovation in R&D Teams: The Mediating Roles of Psychological Safety and Learning from Mistakes [J]. R&D Management, 2013, 43 (2): 89-102.

[58] Hansen F. M., Gaetz M., Schutz R. W., et al. Concussion in Hockey: There Is Cause for Concern [J]. Medicine & Science in Sports & Exercise, 1999, 31 (Supplement): 111-142.

[59] Harman H. H. Modern Factor Analysis [J]. Journal of the American Statistical Association, 1960, 56 (294): 219.

[60] Haua L. N., Evangelista F. Acquiring Tacit and Explicit Marketing Knowledge from Foreign Partners in IJVs [J]. Journal of Business Research, 2007, 60 (11): 1152-1165.

[61] Hedegaard M., Obel C., Henriksen T. B, et al. An Enterprise-wide

Knowledge Management System Infrastructure [J]. Industrial Management & Data Systems, 2002, 102 (1): 17-25.

[62] Heidhues P., Köszegi B., Murooka T. Exploitative Innovation [J]. American Economic Journal Microeconomics, 2016, 8 (1): 1-23.

[63] Hills G. E., Singh R. P., Lumpkin G. T., et al. Opportunity Recognition: Examining How Search Formality and Search Processes Relate to the Reasons for Pursuing Entrepreneurship (2006) [R]. Babson College, Babkson Kauffman Entrepreneurship Research Conference (BKERC), 2002-2006.

[64] Hsieh S. -J., Tsai C. F. An Intelligent Music Playlist Generator Based on the Time Parameter with Artificial Neural Networks [J]. Expert Systems with Applications, 2010 (4): 2815-2825.

[65] Humphries M. Technolagical Capability, Social Capitaland the Launch Strategy for Innovative Product [J]. Industrial Marketing Management, 2007, 36 (4): 493-502.

[66] Inglehart R. Granatal J., Leblang D. The Impact of Culture on Economic Development: Theory, Hypotheses and Some Empirical Tests [J]. American Journal of Political Science, 1996, 40 (3): 607-631.

[67] Inkpen A. C., Tsang E. W. K. Social Capital, Networks, and Knowledge Transfer [J]. Academy of Management Review, 2005, 30 (1): 146-165.

[68] Jack S. L., Anderson A. R., Dodd S. D. The Role of Family Members in Entrepreneurial Networks: Beyond the Boundaries of the Family Firm [J]. Family Business Review, 2005, 18 (2): 135-154.

[69] Kang M., Lee M. J. Absorptive Capacity, Knowledge Sharing, and Innovative Behaviour of R&D Employees [J]. Technology Analysis & Strategic Management, 2017, 29 (2): 219-232.

[70] Katila R. Ahuja. Something Old, Something New: A Longitudinal Study of Search Behavior and New Product Introduction [J]. Academy of Management

Journal, 2002.

[71] Kline R. B. Principles and Practice of Structural Equation Modeling [M]. New York: Guildford, 2005.

[72] Koberg C. S., Detienne D. R., Heppard K. A. An Empirical Test of Environmental, Organizational, and Process Factors Affecting Incremental and Radical Innovation [J]. Journal of High Technology Management Research, 2003, 14 (1): 21-45.

[73] Kogut B., Zander U. Knowledge of the Firm, Combinative Capabilities, and the Replication of Technology [J]. Organization Science, 1992, 3 (3): 383-397.

[74] Kraatz M. S. Learning by Association? Interorganizational Networks and Adaptation to Environmental Change [J]. Academy of Management Journal, 1998, 41 (6): 621-643.

[75] Krackhardt David. Assessing the Political Landscape: Structure, Cognition and Power in Networks [J]. Administrative Science Quarterly, 1990, 35 (2): 342-369.

[76] Krackhardt D. The Strength of Strong Ties [A] //N. Nohria & R. G. Eccles (Eds.), Networks and Organizaitons: Structure, Form and Action [M]. Boston: Harvard Business School Press, 1992.

[77] Krause D. R., Handfifield R. B., Tyler B. B. The Relationalships between Supplier Development, Commitment, Social Capital Accumulation and Performance Improvement [J]. Journal of Operations management, 2007, 25 (2): 528-545.

[78] Larry E. Greiner. Organizational Change Model [M]. Boston: Harvard University Press, 1972.

[79] Larson, Andrea. Network Dyads in Entrepreneurial Settings: A Study of the Ggovernance of Exchange Relationships [J]. Administrative Science Quarterly, 1992, 37 (1): 76-104.

[80] Lee Y., Cavusgil S. T. Enhancing Alliance Performance: The Effects of Contractual Based Versus Relational Based Governance [J]. Journal of Business Research, 2006, 59 (8): 896-905.

[81] Leonard-Barton D. Wellsprings of Knowledge: Building and Sustaining the Sources of Innovation [M]. Boston, MA: Harvard Business Press, 1998.

[82] Levin D., Cross R. The Strength of Weak Ties You Can Trust: The Mediating Role of Trust in Effective Knowledge Transfer [J]. Management Science, 2004, 50 (11): 1477-1490.

[83] Liao J., Welsch H. Roles of Social Capital in Venture Creation: Key Dimensions and Research Implications [J]. Journal of Small Business Management, 2005, 43 (4): 345-362.

[84] Li H., Zhang Y. The Role of Managers' Political Networking and Functional Experience in New Venture Perfor. Mance: Evidence from China's Transition Economy [J]. Strategic Management Journal, 2007, 28 (8): 791-804.

[85] Lin Nan. Social Resource and Social Mobility: A Structural Theory of Status Attainment [A] //Ronald Breiger. Social Mobility and Social Structure [M]. New York: Cambridge University Press, 1990.

[86] Lin Nan. Building a network theory of social capital [J]. Connections, 1998, 22 (2): 28-51.

[87] Luca Pirolo, Presutti M. The Impact of Social Capital on the Start-ups' Performance Growth [J]. Journal of Small Business Management, 2010, 48 (2): 197-227.

[88] L. Y. Lui, W. K. SO, D. Y. Fong. Knowledge and Attitudes Regarding PainManagement among Nurses in Hong Kong Medical Units [J]. Journal of Clinical Nursing, 2008, 17 (15): 2014-2021.

[89] MacKinnon D. P. Introduction to Statistical Mediation Analysis [M]. Mahwah, NJ: Lawrence Erlbaum Associates, 2008.

[90] Madsen P M, Desai V. Failing to Learn? the Effects of Failure and

Success on Organizational Learning in the Global Orbital Launch Vehicle Industry [J]. Academy of Management Journal, 2010, 53 (3): 451-476.

[91] Mardani A., Nikoosokhan S., Moradi M., et al. The Relationship Between Knowledge Management and Innovation Performance [J]. Journal of High Technology Management Research, 2018, 29 (1): 12-26.

[92] Matthew L. Sanders. The Interpersonal Development Project: Bridging Theory and Practice in Interpersonal Communication Courses [J]. Communication Teacher, 2010 (3): 165-169.

[93] McEvily Bill, Perrone Vincenzo, Zaheer Akbar. Trust as an Organizing Principle [J]. Organization Science, 2003, 14 (1): 91-103.

[94] Miller Douglas J., Fern Michael J., Cardinal Laura B. The Use of Knowledge for Technological Innovation within Diversified Firms [J]. Academy of Management Journal, 2007, 50 (2): 307-325.

[95] Muthusamy Senthil K., White Margaret A. Learning and Knowledge Transfer In Strategic Alliances: A Social Exchange View [J]. Organization Studies, 2005, 26 (3): 415-441.

[96] Nahapiet J., Ghoshal S. Social Capital, Intellectual Capital, and the Organization Advantage [J]. Academy of Management Review, 1998, 23 (2): 242-266.

[97] Neergaard H. Networking Activities in Technology-based Entrepreneurial Teams [J]. International Small Business Journal, 2005, 23 (3): 257-278.

[98] Nelson Winter. The Evolutionary Theory of Economic Process [M]. Boston: Harvard University Press, 1982.

[99] Nonaka I. A Dynamic Theory of Organizational Knowledge Creation [J]. Organization Science, 1994, 5 (1): 14-37.

[100] Noordhoff C. S., Kyriakopoulos K., Moorman C., et al. The Bright Side and Dark Side of Embedded Ties in Business-to-Business InNovation [J]. Journal of Marketing, 2011, 75 (3): 34-52.

[101] Obeidat B. Y. , Mai A. S. , Masa' Deh R. , et al. The Impact of Knowledge Management on Innovation: An Empirical Study on Jordanian Consultancy Firms [J]. Management Research Review, 2018, 39 (10): 1214-1238.

[102] Offstein E. H. , Gnyawali D. R. , Cobb A. T. A Strategic Human Resource Perspective of Firm Competitive Behavior [J]. Human Resource Management Review, 2005, 15 (4): 305-318.

[103] Olson, Philip D. , Bokor, Donald W. Strategy Process – Content Interaction: Effects on Growth Performance in Small Startup Firms [J]. Journal of Small Business Management, 1995 (1): 34-44.

[104] Park J. , Chae H. , Jin N. C. The Need for Status as a Hidden Motive of Knowledge-sharing Behavior: An Application of Costly Signaling Theory [J]. Human Performance, 2017, 30 (1): 1-17.

[105] P Davidsson, F Delmar J Wiklund. Expected Consequences of Growth and their Effect on Growth Willingness in Different Samples of Small Firms [J]. Journal of Small Business Management 1997, 24 (3): 56-76.

[106] Peng M. W. , Luo Y. D. Managerial Ties and Firm Performance in a Transition Economy: The Natural of a Micro-Macro Link [J]. Academy of Management Journal, 2002, 43 (3): 486-501.

[107] Penrose E. The Theory of the Growth of the Firm [M]. Oxford: Oxford University Press, 1959.

[108] Perez-Luno A. , Medin C. C. Lavado, A. C. , Rodriguez G. C. How Social Capital and Knowledge Affect Innovation [J]. Journal of Business Research, 2011, 64 (12): 1369-1376.

[109] Peter Moran. Taking Stock of Interprofessional Learning in Australia: Does Working Collaboratively Provide Better, Safer and Higher Quality Care? Peter Moran. New Success Upper Intermediate Teacher's Book (with Test Master CD-ROM) [J]. Pearson Schwz Ag, 2012.

[110] Pillai K. G. , Hodgkinson G. P. , Kalyanaram G. , et al. The Neg-

ative Effects of Social Capital in Organizations: A Review and Extension [J]. International Journal of Management Reviews, 2015 (19): 111-134.

[111] Polanyi M. Personal Knowledge: Toward a Post-critical Philosophy [M]. Chicago, IL: University of Chicago Press, 1962.

[112] Porter L. W., Lawler E. E., Hackman J. R. Perspectives on Behavior in Organizations [M]. New York, NY: Mc Graw-Hill, 1977.

[113] Portes A. Social Capital: Its Origins and Applications in Modern Sociology [J]. Annual Review of Sociology, 1998, 24 (2): 33-54.

[114] Prahalad C. K., Hamel G. The Core Competence of the Corporation [J]. Harvard Business Review, 1990, 68 (3): 79-91.

[115] Prescott E. C., Visscher M. Organizational Capital [J]. Journal of Political Economy, 1980 (88): 446-461.

[116] Putnam R. D. Bowling Alone: America's Declining Social Capital [J]. Journal of Democracy, 1995 (6): 65-78.

[117] Putnam R. D., Leonardi R., Nanetti R. Y. Making Democracy Work: Civic Traditions in Modern Ltaly [M]. Princeton: Princeton University Press, 1993.

[118] Putnam R. D. The Prosperous Community: Social Capital and Public Life [J]. American Prospect, 1993 (13): 35-42.

[119] Reagans Ray, McEvily Bill. Network Structure and Knowledge Transfer: The Effects of Cohesion and Range [J]. Administrative Science Quarterly, 2003, 48 (3): 240-267.

[120] Retallick R., Sanchez S. Enterprise Knowledge Sharing, Activity Management, and a Fabric for Commitment [J]. Ibm Systems Journal, 1998, 37 (2): 189-199.

[121] Ritter T., Gemunden H. G. Network Competence : Its Impact on Innovation Success and Its Antecedents [J]. Journal of Business Research, 2003, 56 (9): 745-755.

[122] Rolland LeBrasseur, Louis Zanibbi, Terrence J. Zinger, Growth Momentum in the Early Stages of Small Business Start-Ups [J]. International Small Business Journal, 2003, 21 (3): 315-330.

[123] Romer P. M. Endogenous Technical Change [J]. Journal of Political Economy, 1990 (98): 71-102.

[124] Roper Stephen, Du Jun, Love, James H. Modelling the Innovation Value Chain [J]. Research Policy, 2008, 37 (6-7): 961-977.

[125] Routledge B. R., Amsberg J. V. Social Capital and Growth [J]. Journal of Monetary Economics, 2003, 50 (1): 167-193.

[126] Sarel Gronum, Verreynne, Martie-Louise, Kastelle, Tim. The Role of Networks in Small and Medium-Sized Enterprise Innovation and Firm Performance [J]. Journal of Small Business Management, 2012 (2): 257-282.

[127] Schumpeter J. Theorie Der Wirtschaftlichen Entwicklung [A] // Jürgen Backhaus. Joseph Alo23 Schumpeter [M]. Boston, MA: Springe, 1912.

[128] Sheshinski E. Tests of the "Learning by Doing" Hypothesis [J]. Review of Economics & Statistics, 1967, 49 (4): 568-578.

[129] Smith Ken G., Collins Christopher J., Clark Kevin D. Existing Knowledge, Knowledge Creation Capability, and the Rate of New Product Introduction in High-technology Firms [J]. Academy of Management Journal, 2005, 48 (2): 346-357.

[130] Song Michael, Droge Cornelia, Hanvanich Sangphet, Calantone Roger. Marketing and Technology Resource Complementarity: An Analysis of Their Interaction Effect in Two Environmental Contexts [J]. Strategic Management Journal, 2005, 26 (3): 259-276.

[131] Soto-Acosta P., Popa S., Palacios-Marqués D. Social Web Knowledge Sharing and Innovation Performance in Knowledge-intensive Manufacturing SMEs [J]. Journal of Technology Transfer, 2017, 42 (15): 425-440.

[132] Subramaniam M., Youndt M. A. The Influence of Intellectual Capital

on the Types of Innovative Capabilities [J]. Academy of Management Journal, 2005, 48 (3): 450-463.

[133] Szulanski Gabriel, Cappetta Rossella, Jensen Robert J. When and How Trustworthiness Matters: Knowledge Transfer and the Moderating Effect of Causal Ambiguity [J]. Organization Science, 2004, 5 (15): 600-613.

[134] Tomlinson P. R. Co-operative Ties and Innovation: Some New Evidence for UK Manufacturing [J]. Research Policy, 2010, 39 (6): 762-775.

[135] Tortoriello Marco, Krackhardt David. Activating Cross-boundary Knowledge: The Role of Simmelian Ties in the Generation of Innovation [J]. Academy of Management Journal, 2010, 53 (1): 167-181.

[136] Tsai W., Ghoshal S. Social Capital and Value Creation: The Role of Intra-firm Networks [J]. Academy of Management Journal, 1998, 41 (4): 464-476.

[137] Tsai Y C. Effect of Social Capital and Absorptive Capacity on Innovation in Internet Marketing [J]. International Journal of Management, 2006, 23 (7): 157-166.

[138] Veronica H. V., Revilla E. Thomas Y. C. The Dark Side of Buyer-Supplier Relationships: A Social Capital Perspective [J]. Journal of Operations Management, 2011, 29 (6): 561-576.

[139] Wellman B. Which Ties Provide What Kinds of Support? [J]. Advances in Group Processes, 1992 (9): 207-235.

[140] Wernerfelt B. A Resource-based View of the Firm [J]. Strategic Management Journal, 1984, 5 (5): 171-180.

[141] Williamson O. E. The Economic Institutions of Capitalism [M]. New York: Free Press, 1985.

[142] Wong K. Y. Critical Success Factors for Implementing Knowledge Man-agement in Small and Medium Enterprises [J]. Industrial Management &Data Systems, 2005, 105 (3): 261-279.

[143] Yiu, E. M, Murdoch, et al. Cultural and Language Differences in Voice Quality Perception: A Preliminary Investigation Using Synthesized Signals [J]. Folia Phoniatrica et Logopaedica, 2008.

[144] Ylirenko H., Sapienza H. J., Autio E. Social Capital, Knowledge Acquisition, and Knowledge Exploitation in Young Technology – based Firms [J]. Strategic Management Journal, 2001, 22 (6-7): 587-613.

[145] Yli-Renko, et al. Social Capital, Knowledge, and the International Growth of Technology – based New Firms [J]. International Business Review, 2001 (20): 11-34.

[146] Yu Y., Chen Y., Shi Q. Measuring the Performance of Knowledge Value – Added in University – Industry Collaborative Innovation [A] //Yu Y., chen Y., Shi Q. Strategy and Performance of Knowledge Flow [M]. Switzerland: Springer, Cham, 2018.

[147] Zahra S. A., George G. Absorptive Capacity: A Review, Reconceptualization, and Extension [J]. The Academy of Management Review, 2002, 27 (2): 185-203.

[148] Zhao Y. The Role of Migrant Networks in Labor Migration: The Case of China [J]. Comtemporary Economic Policy, 2003, 21 (4): 500-511.

[149] Zhou Y. M., Zhou Z., Li B. Sensing Nodes Selection and Data Fusion in Cooperative Spectrum Sensing [J]. IET Communications, 2014 (13): 2308-2314.

[150] Zárraga C., Bonache J. Assessing the Team Environment for Knowledge Sharing: An Empirical Analysis [J]. International Journal of Human Resource Management, 2003, 14 (7): 1227-1245.

[151] 艾志红. 知识距离、吸收能力对产学研合作绩效的影响研究 [J]. 工业技术经济, 2017, 36 (7): 121-127.

[152] 鲍盛祥, 陶文庆. 外部社会资本对新创企业绩效的影响研究——知识获取的中介作用 [J]. 工业技术经济, 2014, 33 (9): 144-152.

[153] 边燕杰, 缪晓雷. 如何解释"关系"作用的上升趋势? [J]. 社会学评论, 2020, 8 (1): 3-19.

[154] 边燕杰, 丘海雄. 企业的社会资本及其功效 [J]. 中国社会科学, 2000, 21 (2): 87-99.

[155] 蔡宁, 潘松挺. 网络关系强度与企业技术创新模式的耦合性及其协同演化——以海正药业技术创新网络为例 [J]. 中国工业经济, 2008 (4): 137-144.

[156] 陈健民, 丘海雄. 社团、社会资本与政经发展 [J]. 社会学研究, 1999 (4): 64-74.

[157] 陈劲, 陈钰芬. 企业技术创新绩效评价指标体系研究 [J]. 科学学与科学技术管理, 2006 (3): 86-91.

[158] 陈劲. 开展迎接创新强国的技术创新研究 [J]. 技术经济, 2015, 34 (1): 1-4.

[159] 陈劲, 李飞宇. 社会资本: 对技术创新的社会学诠释 [J]. 科学学研究, 2001 (3): 102-107.

[160] 陈莉平, 万迪昉. 嵌入社会网络的中小微企业资源整合模式 [J]. 软科学, 2006, 20 (6): 133-136.

[161] 陈伟, 潘成蓉. 供应链企业间知识共享的创新效应分析——关系和信任导向下的实证研究 [J]. 技术经济与管理研究, 2015 (5): 26-30.

[162] 陈午晴. 中国人关系的游戏意涵 [J]. 社会学研究, 1997 (2): 105-114.

[163] 程聪, 谢洪明, 陈盈, 程宣梅. 网络关系、内外部社会资本与技术创新关系研究 [J]. 科研管理, 2013, 34 (11): 1-8.

[164] 储小平, 李怀祖. 信任与家庭企业的成长 [J]. 管理世界, 2003 (6): 98-104.

[165] 戴海闻, 曾德明, 张运生. 标准联盟组合嵌入性社会资本对企业创新绩效的影响研究 [J]. 研究与发展管理, 2017, 29 (2): 93-101.

[166] 戴勇, 朱桂龙, 刘荣芳. 集群网络结构与技术创新绩效关系研

究：吸收能力是中介变量吗？[J]. 科技进步与对策, 2018, 35 (9)：16-22.

[167] 戴勇, 朱桂龙. 以吸收能力为调节变量的社会资本与创新绩效研究——基于广东企业的实证分析 [J]. 软科学, 2011, 25 (1)：80-84.

[168] 董平, 周小春. 技术并购、吸收能力与企业技术创新动态能力——来自创业板上市公司的证据 [J]. 科技管理研究, 2018, 38 (7)：34-40.

[169] 窦红宾, 王正斌. 社会资本对企业创新绩效的影响——知识资源获取的中介作用 [J]. 预测, 2011, 30 (3)：48-52.

[170] 杜宝苍, 李朝明. 知识管理与组织学习的互动关系研究 [J]. 科技管理研究, 2010, 30 (09)：172-175.

[171] 杜丹丽, 姜铁成, 曾小春. 企业社会资本对科技型小微企业成长的影响研究——以动态能力作为中介变量 [J]. 华东经济管理, 2015, 29 (6)：148-156.

[172] 范钧, 王进伟. 网络能力、隐性知识获取与新创企业成长绩效 [J]. 科学学研究, 2011, 29 (9)：1365-1373.

[173] 方炜, 校利敏, 袁智. IT外包中知识共享对外包绩效的影响——考虑需求工程的中介作用 [J]. 技术经济, 2018, 37 (10)：79-90.

[174] 费孝通. 乡土中国生育制度 [M]. 北京：北京大学出版社, 1998.

[175] 弗兰西斯·福山. 信任：社会道德与繁荣的创造 [M]. 远方出版社, 1998.

[176] 高鹏. 隐性知识学习与企业创新研究 [D]. 西安：西北大学, 2012.

[177] 顾琴轩, 王莉红. 人力资本与社会资本对创新行为的影响——基于科研人员个体的实证研究 [J]. 科学学研究, 2009, 27 (10)：1564-1570.

[178] 郭国庆, 汪晓凡. 我国民营科技企业的社会资本分析 [J]. 管理评论, 2005 (11)：60-64+66.

[179] 郭立新, 陈传明. 企业家社会资本与企业绩效——以战略决策

质量为中介 [J]. 经济管理, 2011, 33 (12): 43-51.

[180] 郭云南, 姚洋. 宗族网络与农村劳动力流动 [J]. 管理世界, 2013 (3): 69-81+187-188.

[181] 何水儿. 企业内部咨询网络与员工个体特征对隐性知识共享的影响 [D]. 厦门: 华侨大学, 2014.

[182] 贺远琼, 田志龙, 陈昀. 环境不确定性、企业高层管理者社会资本与企业绩效关系的实证研究 [J]. 管理学报, 2008 (3): 423-429.

[183] 侯广辉, 张键国. 企业社会资本能否改善技术创新绩效——基于吸收能力调节作用的实证研究 [J]. 当代财经, 2013 (2): 74-86.

[184] 侯贵松, 张力军. 从招聘信息中体现的不同所有制企业的人才观异同 [J]. 中国人力资源开发, 2002 (9): 61-65.

[185] 胡望斌, 张玉利, 杨俊. 同质性还是异质性: 创业导向对技术创业团队与新企业绩效关系的调节作用研究 [J]. 管理世界, 2014, 30 (6): 92-109.

[186] 姜波, 毛道维. 科技型中小微企业资本结构与企业社会资本关系研究: 技术创新绩效的观点 [J]. 科学学与科学技术管理, 2011, 32 (2): 140-145.

[187] 姜卫韬. 中小微企业自主创新能力提升策略研究——基于企业家社会资本的视角 [J]. 中国工业经济, 2012 (6): 107-119.

[188] 蒋天颖, 王峥燕, 张一青. 网络强度、知识转移对集群企业创新绩效的影响 [J]. 科研管理, 2013, 34 (8): 27-34.

[189] 柯江林, 孙健敏. R&D 团队人际信任的影响因素 [J]. 经济管理, 2007 (19): 55-59.

[190] 李海超, 彭尔霞. 社会资本对企业创新发展的影响机理研究——以阿里巴巴为例 [J]. 当代财经, 2015 (5): 78-85.

[191] 李惠斌, 杨雪冬. 社会资本与社会发展 [M]. 北京: 社会科学出版社, 2000.

[192] 李璐璐. 社会资本与私营企业家 [J]. 社会学研究, 1995

(6)：46-57.

[193] 李乾文. 公司创业导向的差异分析——基于环渤海地区企业所有权差异的实证研究 [J]. 科学学研究, 2007, 25 (4)：707-711.

[194] 李文博, 郑文哲, 刘爽. 产业集群中知识网络结构的测量研究 [J]. 科学学研究, 2008, 26 (4)：787-792.

[195] 李显君, 钟领, 王京伦等. 开放式创新与吸收能力对创新绩效影响——基于我国汽车企业的实证 [J]. 科研管理, 2018, 39 (1)：45-52.

[196] 李雪灵, 姚一玮, 王利军. 新企业创业导向与创新绩效关系研究：积极型市场导向的中介作用 [J]. 中国工业经济, 2010, 27 (6)：116-125.

[197] 李永强, 杨建华, 白璇, 车瑜, 詹华庆. 企业家社会资本的负面效应研究：基于关系嵌入的视角 [J]. 中国软科学, 2012 (10)：104-116.

[198] 李垣, 刘益, 张完定等. 转型时期企业家机制论 [M]. 北京：中国人民大学出版社, 2002.

[199] 李占祥, 杨杜. 国外企业管理学的历史演变与新动向 [J]. 中国人民大学学报, 1995 (4)：24-30+126.

[200] 李振华, 赵寒, 吴文清. 在孵企业关系社会资本对创新绩效影响——以资源获取为中介变量 [J]. 科学学与科学技术管理, 2017, 38 (6)：144-156.

[201] 梁娟. 企业集团知识产权内部转移税务筹划浅议 [J]. 纳税, 2019, 13 (33)：39.

[202] 林筠, 刘伟, 李随成. 企业社会资本对技术创新能力影响的实证研究 [J]. 科研管理, 2011, 32 (1)：35-44.

[203] 刘婷, 郭海. 渠道情境下企业间社会资本对知识获取的影响——基于权变视角的研究 [J]. 科学学研究, 2013, 31 (1)：115-122.

[204] 刘学元, 丁雯婧, 赵先德. 企业创新网络中关系强度、吸收能力与创新绩效的关系研究 [J]. 南开管理评论, 2016, 19 (1)：30-42.

[205] 刘艳. 高校社会资本影响组织创新、办学绩效的实证研究 [J]. 科研管理, 2010, 31 (1)：134-146.

[206] 吕淑丽. 企业家社会资本对企业创新绩效的研究综述 [J]. 管理现代化, 2007, 153 (5): 25-27.

[207] 罗党论, 唐清泉. 政治关系、社会资本与政策资源获取: 来自中国民营上市公司的经验证据 [J]. 世界经济, 2009 (7): 84-96.

[208] 马歇尔. 经济学原理 [M]. 北京: 北京联合出版公司, 2015.

[209] 马醉陶. 高新区创新网络、吸收能力、知识溢出对技术创新扩散影响的实证研究 [D]. 长沙: 中南大学, 2013.

[210] 潘松挺, 蔡宁. 企业创新网络中关系强度的测量研究 [J]. 中国软科学, 2010 (5): 108-115.

[211] 皮埃尔·布尔迪厄. 文化资本与社会炼金术 [M]. 包亚明译. 上海: 上海人民出版社, 1997.

[212] 乔坤, 吕途. 强关系与弱关系的内涵重构——基于4家企业TMT社会关系网络的案例研究 [J]. 管理学报, 2014, 11 (7): 972-980.

[213] 秦剑, 张玉利. 社会资本对创业企业资源获取的影响效应研究 [J]. 当代经济科学, 2013, 35 (2): 96-106+127-128.

[214] 盛小平, 马德辉. 提升企业核心竞争力的知识管理战略研究 [J]. 情报理论与实践, 2007 (4): 447-450.

[215] 侍文庚, 蒋天颖. 社会资本、知识管理能力和核心能力关系研究 [J]. 科研管理, 2012, 33 (4): 62-72.

[216] 宋方煜, 邹国庆. 企业社会资本影响创新绩效的机制研究——基于知识转移中介模型的视角 [J]. 郑州大学学报 (哲学社会科学版), 2012, 45 (5): 112-115.

[217] 孙凯. 在孵企业社会资本对资源获取和技术创新绩效的影响 [J]. 中国软科学, 2011, 26 (8): 165-177.

[218] 孙连荣. 结构方程模型 (SEM) 的原理及操作 [J]. 宁波大学学报 (教育科学版), 2005, 27 (2): 31-34.

[219] 孙善林, 彭灿, 杨红. 高管团队社会资本对企业开放式创新能力的影响研究——以资源获取与资源整合为中介变量 [J]. 研究与发展管

理，2017，29（2）：71-81.

[220] 孙永风，李垣，廖貅武．基于不同战略导向的创新选择与控制方式研究［J］．管理工程学报，2007（4）：24-30.

[221] 谭云清，马永生，李元旭．社会资本、动态能力对创新绩效的影响：基于我国国际接包企业的实证研究［J］．中国管理科学，2013，21（S2）：784-789.

[222] 唐朝永，陈万明，彭灿．社会资本、失败学习与科研团队创新绩效［J］．科学学研究，2014，32（7）：1096-1105.

[223] 唐方成，申子雯．社会资本与企业绩效间的权变关系［J］．管理评论，2014，26（12）：170-181.

[224] 唐丽艳，周建林，王国红．社会资本、在孵企业吸收能力和创新孵化绩效的关系研究［J］．科研管理，2014，35（7）：51-59.

[225] 陶秋燕，孟猛猛．在孵企业社会资本与创新绩效的关系——孵化器所有权性质的调节作用［J］．技术经济，2017，36（6）：53-58.

[226] 田长明．基于组织学习的核心能力培育［J］．全国商情（经济理论研究），2007（7）：36-39.

[227] 田硕，李首博，周雪等．知识管理研究框架评述［J］．现代管理科学，2013（6）：105-107.

[228] 托马斯·福特·布朗，木子西．社会资本理论综述［J］．马克思主义与现实，2000（2）：41-46.

[229] 汪欢吉，陈劲，李纪珍．开放式创新的合作伙伴异质度对企业创新模式的影响［J］．技术经济，2016，35（6）：16-23.

[230] 王国红，周建林，邢蕊．孵化器"内网络"情境下社会资本、联合价值创造行为与在孵企业成长的关系研究［J］．中国管理科学，2015，23（S1）：650-656.

[231] 王国顺，杨昆．社会资本、吸收能力对创新绩效影响的实证研究［J］．管理科学，2011，24（5）：23-36.

[232] 王海花．消费者视角下企业社会责任实现模型研究［D］．济

南：山东大学，2008．

[233] 王建刚，吴洁，张青，施琴芬，张运华．基于知识演化的企业知识流研究［J］．情报理论与实践，2011，34（3）：30-34．

[234] 王庆金，许秀瑞，袁壮．协同创新网络关系强度、共生行为与人才创新创业能力［J］．软科学，2018，32（4）：7-11．

[235] 王智宁，王念新，吴金南．知识共享与企业绩效：智力资本的中介作用［J］．中国科技论坛，2014（2）：65-71．

[236] 韦影．企业社会资本与技术创新：基于吸收能力的实证研究［J］．中国工业经济，2007（9）：119-127．

[237] 魏江，徐蕾．知识网络双重嵌入、知识整合与集群企业创新能力［J］．管理科学学报，2014，17（2）：34-47．

[238] 魏江，朱海燕．知识密集型服务业功能论：集群创新过程视角［J］．科学学研究，2006（3）：455-459．

[239] 魏露露，王文平．产业集群中小团体网络结构对技术扩散的影响［J］．中国管理科学，2006，14（10）：128-131．

[240] 魏亚平，闫婧怡，刘建准．企业社会资本、知识管理与技术创新能力提升的集成框架模型研究［J］．情报科学，2013，31（9）：29-33．

[241] 乌家培．信息·知识及相关问题［J］．科学决策，1999（4）：15-19．

[242] 邬爱其．集群企业网络化成长机制研究［D］．杭州：浙江大学，2004．

[243] 邬爱其．企业网络化成长——国外企业成长研究新领域［J］．外国经济与管理，2005，27（10）：10-17．

[244] 吴迪．创新氛围、知识管理能力和突破性创新能力的相关性研究［J］．科技管理研究，2018（15）：177-182．

[245] 吴俊杰，戴勇．企业家社会网络、组织能力与集群企业成长绩效［J］．管理学报，2013，10（4）：516-523．

[246] 吴明隆．结构方程模型——AMOS 的操作与应用［M］．重庆：

重庆大学出版社，2010.

[247] 吴绍波，顾新，彭双. 知识链组织之间合作契约的功能 [J]. 情报杂志，2009，28（5）：107-110+18.

[248] 吴晓云，王建平. 网络关系强度对技术创新绩效的影响——不同创新模式的双重中介模型 [J]. 科学学与科学技术管理，2017，38（7）：155-166.

[249] 伍紫君，翟育明，王震等. 心理契约、员工知识共享意愿与创新绩效：基于技术融合模式的调节效应 [J]. 上海对外经贸大学学报，2018，25（4）：59-71.

[250] 谢洪明，陈盈，程聪. 网络强度和企业管理创新：社会资本的影响 [J]. 科研管理，2012，33（9）：32-39.

[251] 谢洪明，韩子天. 组织学习与绩效的关系：创新是中介变量吗？——珠三角地区企业的实证研究及其启示 [J]. 科研管理，2005（5）：1-10.

[252] 谢洪明. 社会资本对组织创新的影响中国珠三角地区企业的实证研究及其启示 [J]. 科学学研究，2006（1）：150-158.

[253] 谢洪明，王成，葛志良. 核心能力：组织文化和组织学习作用 [J]. 南开管理评论，2006（4）：104-110.

[254] 熊捷，孙道银. 企业社会资本、技术知识获取与产品创新绩效关系研究 [J]. 管理评论，2017，29（5）：23-39.

[255] 熊焰，李杰义. 网络结构、知识整合与知识型团队绩效关系研究 [J]. 研究与发展管理，2011，23（6）：8-16.

[256] 徐国军，杨建君. 技术转移、组织间冲突与突变式创新绩效：实际吸收能力的调节作用 [J]. 科技进步与对策，2018，35（20）：72-78.

[257] 徐蕾，魏江，石俊娜. 双重社会资本、组织学习与突破式创新关系研究 [J]. 科研管理，2013，34（5）：39-47.

[258] 杨杜. 企业发展太快怎么管理 [J]. 中外管理，2000（3）：37-39.

[259] 杨虹. 基于知识图谱的知识管理研究进展 [D]. 大连：大连理

工大学，2008.

[260] 杨林岩，赵弛．企业成长理论综述——基于成长动因的观点[J]．软科学，2010，24（7）：106-110.

[261] 杨其静．企业成长：政治关联还是能力建设？[J]．经济研究，2011（10）：54-66.

[262] 杨雪冬．社会资本：对一种新解释范式的探索[J]．马克思主义与现实，1999（3）：52-60.

[263] 杨震宁，李东红，范黎波．身陷"盘丝洞"：社会网络关系嵌入过度影响了创业过程吗？[J]．管理世界，2013（12）：101-116.

[264] 杨震宁，吴杰．不同功能分类科技园的资源供给差异研究[J]．科研管理，2011，32（9）：35-43.

[265] 杨中华，卫武．基于关系强度理论的集群网络知识流动分析[J]．图书情报工作，2009，53（6）：24-27.

[266] 姚小涛，张田，席酉民．强关系与弱关系：企业成长的社会关系依赖研究[J]．管理科学学报，2008（1）：143-152.

[267] 殷群，谢芸，陈伟民．大学科技园孵化绩效研究——政策分析视角[J]．中国软科学，2010，25（3）：88-94.

[268] 游家兴，邹雨菲．社会资本、多元化战略与公司业绩——基于企业家嵌入性网络的分析视角[J]．南开管理评论，2014，17（5）：91-101.

[269] 余以胜，赵浚吟，陈必坤，赵蓉英．区域创新体系中创新主体的知识流动研究[J]．情报理论与实践，2014，37（7）：59-63.

[270] 曾萍，邓腾智，宋铁波．社会资本、动态能力与企业创新关系的实证研究[J]．科研管理，2013，34（4）：50-59.

[271] 翟学伟．是"关系"，还是社会资本[J]．社会，2009，29（1）：109-121.

[272] 张彩江，周宇亮．社会子网络关系强度与中小微企业信贷可得性[J]．中国经济问题，2017（1）：85-98.

[273] 张道宏，马辽原，胡海青．在孵企业网络能力对创新绩效的影

响——以三重社会资本为中介变量［J］.科技进步与对策,2015,32（2）：96-104.

［274］张方华.知识型企业的社会资本与技术创新绩效研究［D］.浙江大学,2005.

［275］张方华.知识型企业的社会资本与知识获取关系研究——基于BP神经网络模型的实证分析［J］.科学学研究,2006（1）：106-111.

［276］张涵,康飞,陶春.科技创业孵化成员关系强度、知识共享对联盟绩效的影响——成员能力的调节作用［J］.科技进步与对策,2017,34（18）：107-112.

［277］张力,聂鸣.企业孵化器分类和绩效评价模型研究综述［J］.外国经济与管理,2009,31（5）：60-65.

［278］张维迎,柯荣住.信任及其解释：来自中国的跨省调查分析［J］.经济研究,2002（10）：59-70.

［279］张维迎.重建信任［J］.财经界,2002（8）：80-81.

［280］张玉利,段海宁.中小企业生存与发展的理论基础［J］.南开管理评论,2001（2）：4-8.

［281］赵光州,赵立龙,熊磊.区域创新体系的知识管理［J］.经济问题探索,2004（3）：42-44.

［282］赵文红,李秀梅.资源获取、资源管理对创业绩效的影响研究［J］.管理学报,2014,11（10）：1477-1483.

［283］赵振.开放式创新效能提升的制度基础：关系治理还是契约治理［J］.科技进步与对策,2016（1）：101-107.

［284］郑胜利,陈国智.企业社会资本积累与企业竞争优势［J］.生产力研究,2002（1）：133-135+137.

［285］周红云.社会资本：布迪厄、科尔曼和帕特南的比较［J］.经济社会体制比较,2003（4）：46-53.

［286］周小虎,陈传明.企业社会资本与持续竞争优势［J］.中国工业经济,2004（5）：90-96.

[287] 周小虎. 企业家社会资本及其对企业绩效的作用 [J]. 安徽师范大学学报（人文社会科学版），2002（1）：3-8.

[288] 朱福林、陶秋燕. 中小微企业成长的社会网络关系研究——以北京市科技型中小微企业调研数据为例 [J]. 科学学研究，2014，32（10）：1539-1545.

[289] 朱慧，周根贵. 社会资本促进了组织创新吗？——一项基于 Meta 分析的研究 [J]. 科学学研究，2013，31（11）：1717-1725.

[290] 朱晓霞. 企业家网络与小企业成长关系研究 [D]. 上海：同济大学，2008.

[291] 邹国庆，董振林. 管理者社会资本与创新绩效：制度环境的调节作用 [J]. 理论探讨，2015（6）：86-90.

后　记

本书的撰写工作是在我的博士研究生导师陶秋燕教授的指导下完成的。对于本书的选题、章节结构及内容，陶教授都给予了关键的指导。陶教授就像一盏明灯，一直在科研道路上为我护航，是她的耐心指导和渊博学识为我打开了科学研究之窗。在陶教授的指导下，我拓展了研究视野，提高了研究水平。她宽广的学术视野、严谨的治学态度、幽默豁达的人生态度都值得我学习。陶教授也是我生活中的好导师，她的豁达、对生活的热情也感染了我，成为我终身学习的榜样！

感谢对外经济贸易大学王永贵教授、邢小强教授、林汉川教授等老师，他们的授课引领我打开科学研究之门。

感谢我的同门师兄弟，是你们的鼓励和支持让我幸福地成为同心圆中的一员。特别感谢孟猛猛师弟为我提供研究方法指导。此外，我的硕士研究生陈欢同学协助我进行参考文献的补充和整理，在此也向她表达我的谢意。

最后，感谢我的母亲、丈夫和儿子，他们鼓励我以平和的心态面对困难，在生活中积极支持我，他们的支持是我勇于前进的动力。

本书的出版得到了北京联合大学工商管理高精尖学科的基金资助，感谢学校和学院的支持。

黄艳

2023 年 3 月 12 日于北京